# 人才盘点
## ——通用模型与模板

奇文 ◎ 著

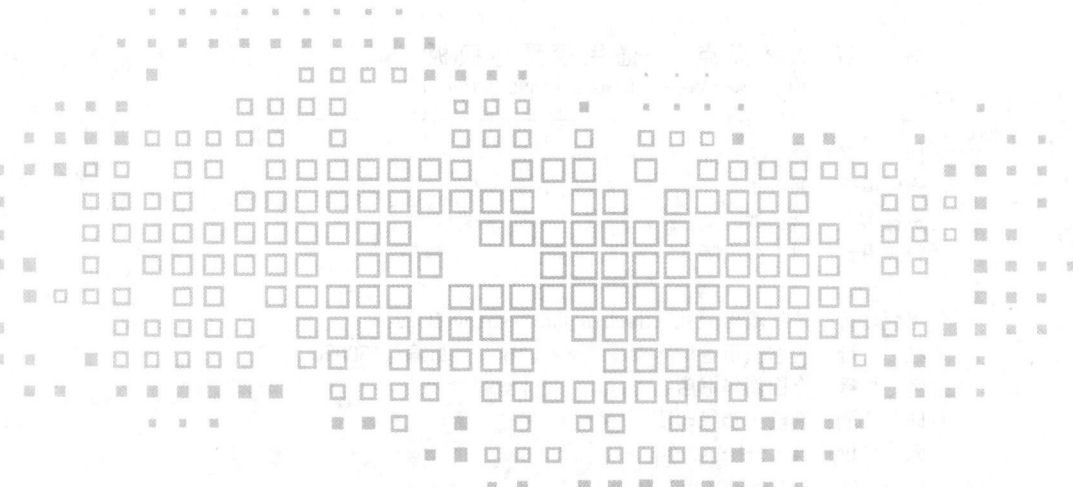

TALENT REVIEW
Generic Model & Templates

哈尔滨出版社
HARBIN PUBLISHING HOUSE

图书在版编目（CIP）数据

人才盘点：通用模型与模板 / 奇文著． — 哈尔滨：哈尔滨出版社，2021.7
　ISBN 978-7-5484-6155-5

Ⅰ．①人… Ⅱ．①奇… Ⅲ．①企业管理－人才管理 Ⅳ．①F272.92

中国版本图书馆CIP数据核字（2021）第131506号

书　　名：人才盘点——通用模型与模板
RENCAI PANDIAN——TONGYONG MOXING YU MUBAN

作　　者：奇　文 著
责任编辑：韩金华
责任审校：李　战
封面设计：树上微出版

出版发行：哈尔滨出版社（Harbin Publishing House）
社　　址：哈尔滨市香坊区泰山路82-9号　　邮编：150090
经　　销：全国新华书店
印　　刷：武汉市籍缘印刷厂
网　　址：www.hrbcbs.com
E-mail：hrbcbs@yeah.net
编辑版权热线：（0451）87900271　87900272
销售热线：（0451）87900202　87900203

| 开　本：889mm×1194mm　1/16 | 印张：9.25 | 字数：225千字 |
|---|---|---|

版　次：2021年7月第1版
印　次：2021年7月第1次印刷
书　号：ISBN 978-7-5484-6155-5
定　价：48.00元

凡购本社图书发现印装错误，请与本社印制部联系调换。
服务热线：（0451）87900279

# 自 序

我曾经在一家有美资背景的跨国企业服务过较长一段时间，担任亚洲区运营人力资源总监，其中职责之一是统筹每年 Talent Review 在亚洲区的执行，并参与美国集团总部 Talent Review 政策制定与流程的开发。直到几年前我离开这家企业时，不知不觉已经在人力资源领域浸泡了二十多年了。

告别了相对封闭的工作环境，我踏入了管理咨询职业生涯，同时也开启了自由学习和研究的新生活，钻研国内外人力资源理论和实践的实时态势。国内的人才盘点由此进入了我的视野，正是我曾经负责的 Talent Review。

通过诸多网站、自媒体和出版书籍，我接触了大量人才盘点方面的资料，发现国内人才盘点的做法让人眼花缭乱、五花八门。没有相对趋同的模式，没有权威的定义、广泛认可的理论体系和统一的实践流程。

根据我的认知和实操经验，人才盘点的内容和流程并不深奥，业界流通的人才盘点做法似乎过于庞大累赘。在务实意义上，我们应该拒绝繁重却不能贡献实际价值的管理活动。《哈佛商业评论》总编托马斯·斯图沃特要"炸掉人力资源部"，著名的管理大师拉姆·查兰撰文建议拆分人力资源部，就是对传统的人力资源价值功能产生了质疑。

为了与大家分享自己的经验和看法，我创建了公众号"人才盘点 Talent Review"，在空余时间把自己的一些想法发表在上面。从和公众号关注者的互动情况看，我进一步印证了这个看法：国内对人才盘点尚未达到高度完整和统一的认识，亟须简洁清晰的理论框架和实践模式。

自媒体是新生事物，它阅读灵活方便，但不免碎片化和脆弱，公众号的文章可能因故在某一天突然消失。而书籍是完整的阅读介质，前后内容逻辑关联和系统性更佳，最重要的是可以让我的想法长时间留存。故此我觉得有必要将自己的经验和研究进行整合，汇总成书，向读者呈现一个逻辑清晰、内容全面覆盖的人才盘点体系。

对于一个管理理念的操作和推行，我认为可以通过分析这个理念的原理，总结归纳出一个通用的操作模型，让大多数企业根据这个模型去执行。这样做可以降低企业和从业人员的学习成本，使管理理念易于理解掌握和落地。

其他行业也有类似的做法。好莱坞的电影编剧普遍使用一个通用模式，创作了无数精彩的英雄探险电影作品。这个模式就是美国比较神话学大师约瑟夫·坎贝尔总结的英雄之旅过程：置身正常世界、冒险召唤、拒绝召唤、见导师、越过第一道边界、遇到考验和敌人、接近最深的洞穴、接受磨难、获得报酬、踏上返回的路、复活和携万能药回归。

我认为模式化操作是新生管理理念和方法的最好的推广方式，可以因此降低企业的实施门槛。

写这本书是在我对人才盘点（Talent Review）全面理论探索的基础上，结合自己在跨国企业的实践经验，向读者全面解释人才盘点，并提出脉络清楚的、操作性强的通用模型和参考模板，期望能够为社会上绝大部分的企业提供有实操意义的借鉴。

本书的内容都是基于个人的研究和实际经验，尽可能地以学术态度和方法写就。事物总是在不断发展和变化，个人视野有限，所著必有缺憾和错误之处。如果读者有不同意见或批评，欢迎联系我（微信号：Kevin_solidkit），不胜感激。

奇文（Kevin）

2021 年 3 月

本书思维导图

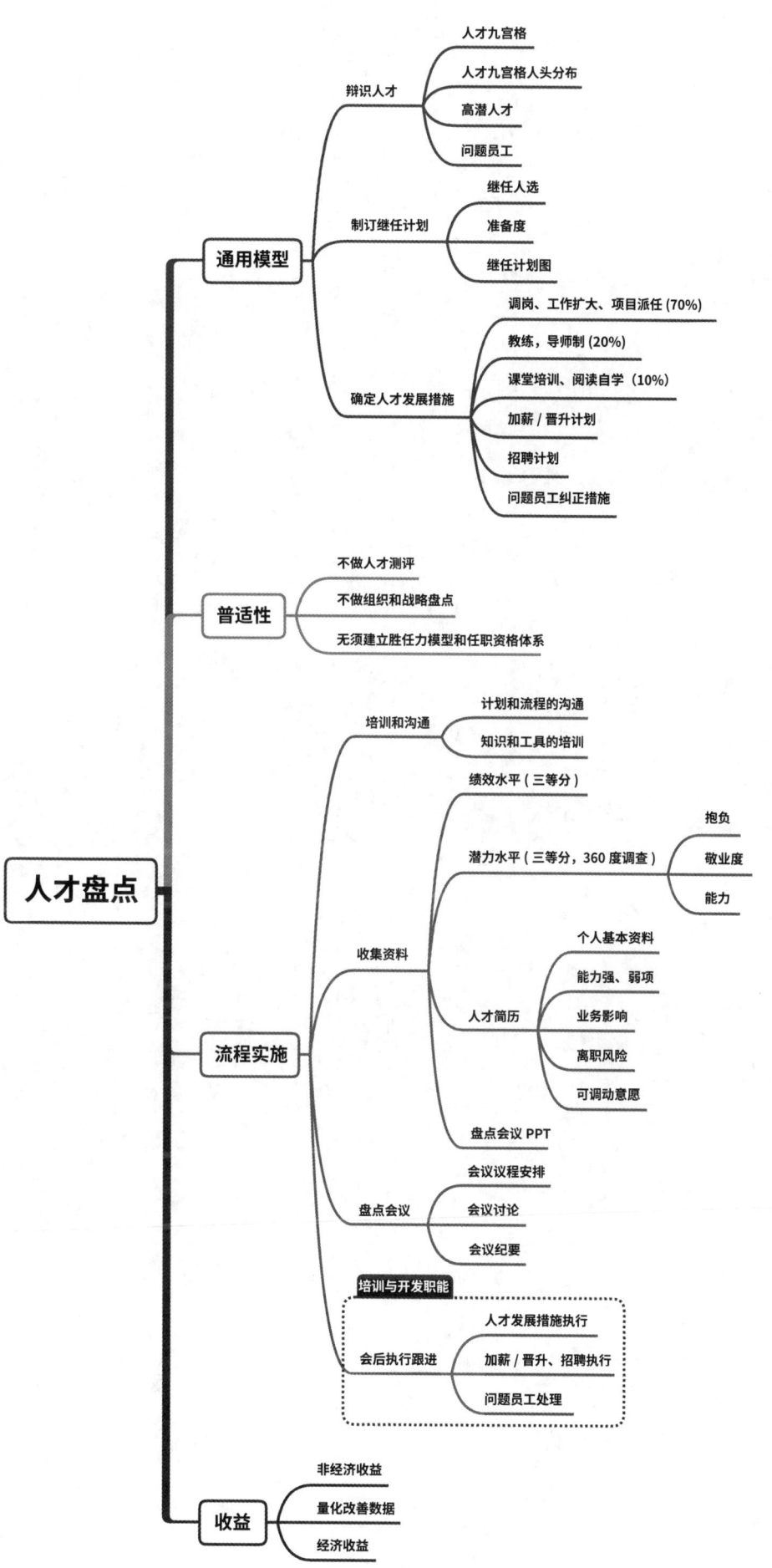

# 目录
## CONTENTS

**第一章 人才盘点的概念** ... 1
 一、人才盘点的起源 ... 2
 二、人才盘点的称谓 ... 3
 三、人才盘点的定义 ... 4

**第二章 人才盘点的通用模型** ... 9
 一、通用模型 ... 10
 二、通用模型与既有职能 ... 12
 三、人才盘点的对象 ... 14
 四、人才盘点的数字化转型 ... 15
 五、人才盘点和人力资源的关系 ... 17
 六、人才盘点的保密要求 ... 18

**第三章 通用模型的普适性** ... 19
 一、人才盘点的普适性 ... 20
 二、人才测评的必要性 ... 22
 三、组织及战略的盘点 ... 23
 四、任职资格体系和胜任能力模型 ... 24

**第四章 辨识人才** ... 26
 一、人才辨识的维度 ... 27
 二、人才辨识的标准 ... 28
 三、绩效 ... 29
 四、潜力 ... 31
 五、人才九宫格 ... 34
 六、人才简历 ... 40

**第五章 制订继任计划** ... 45
 一、组织人才状况 ... 46
 二、选择继任者 ... 50
 三、继任准备度 ... 51
 四、继任计划图 ... 52
 五、板凳深度 ... 53
 六、人才池 ... 54

## 第六章 确定人才发展措施 ... 55
    一、人才发展措施 ... 56
    二、加薪、晋升、招聘 ... 58
    三、个人发展计划（IDP） ... 58
    四、问题员工的纠正措施 ... 60
    五、人才发展措施的跟进 ... 61

## 第七章 实施流程 ... 62
    一、流程的时间与计划 ... 63
    二、流程的步骤 ... 64
    三、人才盘点会议 ... 66
    四、盘点会议PPT ... 68
    五、与会者职责 ... 69
    六、盘点会议的要点 ... 70

## 第八章 人才盘点的收益 ... 72
    一、非经济收益 ... 73
    二、可量化数据和经济收益 ... 73

## 第九章 参考模板 ... 76
    一、会议PPT模板 ... 77
    二、人才盘点政策 ... 95
    三、人才盘点会议议程 ... 97
    四、360度评估 ... 98
    五、Q12员工敬业度调查 ... 100

## 第十章 著名企业的人才盘点 ... 101
    一、通用电气——走下神坛 ... 102
    二、微软——停止人才盘点 ... 106
    三、联想——述能会和圆桌会 ... 107
    四、京东——信息化的人才盘点 ... 109
    五、华为——公开信息欠完整 ... 113
    六、阿里巴巴——九宫格是结果 ... 117
    七、腾讯——关注组织和核心人才 ... 119
    八、甲骨文线上模块——类同通用模型 ... 121
    九、业界资源 ... 128

## 第十一章 概念关系图 ... 131

## 参考文献 ... 139

# 第一章

# 人才盘点的概念

- 辨识人才
- 制订继任计划
- 确定人才发展措施
- 专用工具
- 讨论会议

通过探究人才盘点的起源和称谓，为人才盘点下定义：人才盘点是企业运用专用工具和讨论会议，辨识人才、制订继任计划、确定人才发展措施的流程。

# 一、人才盘点的起源

溯源最早出现的人才盘点，应是20世纪50年代的美国通用电气公司。时任总裁拉尔夫·科迪纳（Ralph J. Cordiner）全面推行管理权责下放，诸多子公司和事业部获得更加独立的业务运营决策权利，顺应而生的是高级领导人才的大量需求。为了填补人才的缺口，拉尔夫·科迪纳创建了著名的克劳顿学院（现称约翰·韦尔奇领导力发展中心），同时开始每年在总部召开人力资源的专门会议，名为Session C，即现在人才盘点的前身。

通用电气是通过四大战略会议来形成基本运作模式而驱动企业经营的：

- Session I：未来三年的全面战略规划；
- Session II：次年的经营目标和计划；
- Session C：人力资源评估会议和流程；
- Session D：守法和诚信的合规评价及审核。

Session C不仅是一个会议，而且是贯穿整年度的人力资源工作流程。从拉尔夫·科迪纳时代（1950—1963）开始一直到现在，Session C所关注的内容在不断增减和变化发展，然而恒定不变的主题是人才评估（绩效）和领导人才的继任选择。

到了杰克·韦尔奇（Jack Welch）掌管通用电气之后，Session C得到了进一步的强化，并由于杰克·韦尔奇带领通用电气创下了历史辉煌成就，让Session C扬名天下，引起世界众多企业纷纷学习效仿。现在，美国企业和咨询界以Talent Review的叫法，替代Session C及其相近的功能。

从20世纪90年代开始，随着中国经济对外开放和全球贸易接轨，西方当代企业管理思想渗透到国内的理论界和企业界中（如彼得·德鲁克的管理理论）；MBA学位教育在国内大学开办、海外留学人才的回归以及外资企业的人才本地化，这些都不断为国内企业管理带来前卫的概念和思想，使中国的企业管理实践基本和全球同步，当中包括了人才盘点。

笔者能找到的最早出现"人才盘点"这个词的，来自2005年出版的《GE管理模式》（著者：孙琦），将Session C形容为人才大盘点。2012年，《人才盘点——创建人才驱动型组织》（著者：李常仓，赵实）出版，这是国内第一本关于人才盘点的专著。接着有些企业率先开始实施人才盘点流程，咨询界也逐步推出人才盘点顾问服务。当下，能够提供人才盘点服务的咨询公司已经不在少数，自媒体上有很多关于人才盘点的文章。

在中国大专院校的人力资源教科书里的培训和人才发展方面，无论是专门的论著还是在整个人力资源管理体系中，都有丰富而深入的教学和理论研究。但目前还没有出现专门针对人才盘点的独立教学章节。

在国外学术界，除了一些咨询机构和商业期刊会发表一些有关 Talent Review 的文章外，主流的人力资源研究领域，极少有专门针对 Talent Review 的深入而系统的研究文献。类似戴维·尤里奇（Dave Ulrich）和拉姆·查兰（Ram Charan）这样杰出的人力资源或企业管理理论泰斗，他们时不时会发表人力资源方面的里程碑式的观点，却没有对 Talent Review 有专门的述著。

综上所述，虽然在现实中能看到有关人才盘点活跃的交互信息和推广需求，同时在国内企业管理活动中受到的重视程度也在不断提高，但国内外学术界尚未将人才盘点定位为研究价值很高的专业理论领域。

## 二、人才盘点的称谓

Session C 是公认的人才盘点的鼻祖，但这是在通用电气内部的个性化名字。在美国业界目前对人才盘点的称谓是 Talent Review，显然是比 Session C 较容易理解。国内的文章在讲述人才盘点需要使用英文时，统一采用 Talent Review 的译法。

除了前面提到的，最早出现"人才盘点"这个词是 2005 年出版的《GE 管理模式》外，笔者没能找到人才盘点的第一次翻译或起名的背景，也许并不是直接用 Talent Review 翻译的，而是在实践中对这个功能的理解而自然约定俗成的称谓。

Talent Review 可以翻译为：人才回顾、人才评审，天赋评审，等等。"Talent"有天才、天赋的意思，也有人才的含义。从国内的实践情况看，一致认同将"Talent"翻译为"人才"。而"Review"本身的直译没有盘点的意思，但是在"盘点"的中文语意里，有盘查，仔细研究的含义，如果从这个角度来理解，将"Review"翻译为盘点，并无不妥，甚至是得其精髓。然而，"盘点"一词在企业经营活动中，比较频繁地出现在仓储和财务领域。一般情况下，人们听到看到"盘点"二字，会直接联想到仓库管理和财务统计（多为固定资产和库存）。因此，将"人才"和"盘点"加在一起，普通人在字面上理解会倾向于对员工的人数、成本、部门配置等与人有关的管理过程及其效果的全面审视。目前在国内，人才盘点有很多是大一统的人力资源诊断和分析（下文有详述），笔者认为这是由"盘点"这个词引起的想象和理解所导致。

如果将 Talent Review 直译为"人才评审"，会和中国的国家职称评价体系重叠，导致更大范围的误解。而从仓储管理领域舶来的"盘点"一词能增加词条的隐喻效果，更妥帖地符合这个流程的具体做法和目的，故此，"人才盘点"是各种翻译中的最佳选择。

无论如何，"人才盘点"的名称，已经是确定通用的名称，英文 Talent Review，也是已经在业内确定的叫法。但是我们也不得不接受这个名称导致人们对它的理解偏差，最终导致人才盘点在国内实践中的边界过泛和内涵离散。

## 三、人才盘点的定义

鉴于人才盘点在企业界和学术界还没有高度统一认可的体系，那么先行明确人才盘点的定义，让准确客观的表述去消弭理解上的误差，是企业理解、接受和实施这一管理功能的基础。

试图在业界中找出人才盘点简明扼要的定义，不是一件容易的事。国内和国外现有的几本人才盘点专著，为读者提供了深入的原理阐述和详细的流程，但都没有给出直接明了的定义。出现这种情况，或许是因为这些专著的叙述方法未必需要专门的定义，也或许是因为目前人才盘点是因企业特点而异，范围灵活覆盖，难以给出一个明确的定义。

通过对著作和网站渠道的搜索，笔者整理了业界主要的人才盘点定义。由于这些定义的句子较长，在此借用关键词记忆法，在每一条定义之后，摘列出关键词来帮助读者理解。

定义一

人才盘点是对组织结构和人才进行系统管理的一个流程。在此过程中，对组织结构、人员配比、人才绩效、关键岗位的继任计划、关键人才发展、关键岗位的招聘，以及对关键人才的计划和激励进行深入讨论，并制订详细的组织行动计划，确保组织有正确的结构和出色的人才，以落实业务战略，实现可持续成长。（《人才盘点——创建人才驱动型组织》，2012年，作者：李常仓，赵实）

关键词：组织结构，人才，继任计划，人才发展，招聘，讨论，计划，战略，成长

定义二

人才盘点是管理者盘点企业内人才的优势、待发展的领域、可能的职业发展路径、职位空缺的风险，以及现在和未来继任者的管理流程。（《人才盘点完全应用手册》（2019，作者：北森人才管理研究院）

关键词：人才优势，发展领域，发展路径，风险，继任者，管理流程

定义三

人才盘点是辨识人才，全方位评价各级人才，让高潜浮出水面。实战练兵，展示并提升管理者的识人用人水平。统一语言，不同管理者用同一把尺子评价人。战略连接，真正将人力资源与战略连接在一起。（百度百科）

关键词：辨识人才，实战练兵，统一语言，战略连接

定义四

对人力资源状况摸底调查，通过绩效管理及能力评估，盘点出员工的总体绩效状况、优势及待提高的方面。人才盘点的目标是塑造组织在某个方面的核心竞争力，为达到该目标，对当前组织的运行效率、人才的数量和质量进行盘点，提前对组织发展、关键岗位的招聘、关键岗位的继任计划，以及关键人才的发展和保留做出决策。（必应 MBA 智库百科）

关键词：调查，评估，绩效，优势，待提高，竞争力，效率，数量，质量，发展，招聘，继任计划，人才发展，保留，决策

此外，在谷歌上没有维基百科 Talent Review 的词条。搜索出来的一般是咨询公司对 Talent Review 的介绍，大部分都有一个关键词：Meeting（会议）。

从这些陈述具体内容以及关键词来看，业界的人才盘点的各种定义有相似性但明显欠缺一致性。

如果我们想有一个恰当的定义，需要先了解人才盘点流程的实质内容。笔者查阅了很多文献、有一定市场份额的咨询公司的文案、自媒体的文章，包括书籍、评论、项目介绍、论坛，等等，梳理和归纳人才盘点的各种主要工作，所涉及的内容基本上有以下特征：

- 绩效评估、潜力评估、继任计划、人才发展、盘点校正会议几乎包含在所有人才盘点相关的资讯里；
- 领导能力评估、任职资格、胜任能力模型、组织结构和人头分析、战略规划主要集中在国内咨询公司的文案里；
- 人才测评常见于国内大型咨询公司的人才盘点业务里；
- 业务组合、人员规划、招聘、培训会出现在国内某些文章和推广里；
- 绩效评估、潜力评估、继任计划、盘点校正会议，人才发展几乎全部一致出现在国外咨询公司的方案里；
- 绩效、潜力、继任计划、人才发展都出现在世界主流应用管理软件中的 Talent Review 模块中。

根据这些特征，可以发现国内咨询公司关于人才盘点的观点涵盖的内容比较宽泛，几乎涉及人力资源所辖的所有工作任务，甚至包括一些业务营运或业务战略管理决策，这些范围特点和"盘点"这个词的一般含义是相匹配的——将很多工作都拿来"盘一盘"。而相比之下国外咨询公司及其各种资料显示，Talent Review 的做法相对趋向集中，主要是绩效评估、潜力评估、继任计划、盘点（校正）会议。

除了有定义的差异，也存在实践内容的多样性，这是在人力资源领域乃至一般的业务经营方面

的管理功能上都极少有的现象。人力资源业界普遍认可的六大模块：人力资源规划、招聘与选择、培训与开发、薪酬管理、绩效管理、员工关系，虽然有时会出现稍不同的名称，或者在内容上有所创新，但整体来说理论基础、实操方法比较稳定一致。从业者也可以胸有成竹地接受和理解各个模块出现的实践差异，比如企业因行业或本身特点所采取的有所区别的做法。这种基本稳定的体系是因为中外企业界对人力资源的理论和实践都已经有统一的认可。近十年以来，人力资源管理出现了新兴的理念——三支柱模型、胜任能力模型，它们的实践推广在业界有比较高的认同度。至于其他大部分的企业管理领域，包括战略规划、营销策划、财务分析、客户关系管理，等等，都有相对统一认可的方法体系和工具。

为什么人才盘点会出现这种状况？笔者认为主要原因在于人才盘点出现以来，一直不是一个刚性的需求，其实质上没有影响企业的生死存亡，而是一个增值功能（也可以说是边缘管理功能）。另外，没有学术界大师建立强大而令人信服的理论基石。而对比之下，三支柱模型有理论创始人戴维·尤里奇，胜任能力模型有理论创始人戴维·麦克利兰（David C. McClelland），他们被公认的理论观点，夯实了后人的实际应用基础，从而获得行业的高度统一认同。

行业中对某个管理理念和做法有统一认识，对企业管理界乃至整个社会都大有裨益。如果从管理效率和广泛实用的视角来看，人才盘点没有必要成为一个应用范畴过大、必须个性化的流程。

在人力资源管理体系正在发挥作用的同时，导入人才盘点理应是在人力资源管理的基础上，为企业经营增加价值，而不应再去重复人力资源各个模块的既有职能。针对近年来社会上企业对建立人才盘点流程的需求不断增加，如果人才盘点欠缺相对精准的内涵和确定的外延，不利于这个流程的推广落地和价值输出。从咨询服务的角度看，专注人才盘点操作方法的一致性而尽可能让大部分企业接受和理解，会使人才盘点咨询服务更有效率，接受服务的客户数量会更多。

基于这种观念，笔者通过大量的资料收集和研究，并结合自己多年人才盘点的实际操作经验，兼顾国内外相对一致的做法，总结了人才盘点的目的和内容：找出高潜力的关键人才，确定企业里的潜在继任者，然后对这些关键的人才进行有目的的培训和开发。其中最重要和最关键的决策环节，是企业高级管理者参加的人才盘点讨论会议。

至此，本书推荐一个可以广泛适用的定义：

**人才盘点是企业运用专用工具和讨论会议，辨识人才，制订继任计划，确定人才发展措施的流程。**

关键词：工具，会议，人才，继任计划，人才发展，流程在这里对这个定义进一步做几个解析：

- 最简化地缩短这个定义就是：人才盘点是流程。即按一定前后顺序去完成几个工作任务的过程。
- 定义的主角是企业，非营利性的组织做人才盘点的必要性不大。为了简化和有针对性，界定人才盘点流程是在企业中展开。
- 辨识人才的重点对象是高潜力人才。高潜力人才是采用业界中约定成俗的名称，实质上的含义不仅仅是高潜力，而是潜力和绩效的三种组合：高潜力且绩效超出期望；高潜力且绩效达到期望；中潜力且绩效超出期望。本书将在人才九宫格内容（第四章）中详述。
- 人才盘点所需要的资料和数据，是通过专门的工具来收集并呈现。本书会展开阐述人才九宫格、360度调查、员工简历、继任计划图等。
- 人才盘点最终是通过讨论会议（也叫人才校正会议）来做决策的，是流程中最为关键的环节。
- 在确定人才发展措施后，人才盘点流程结束，相关的行动措施留给人力资源部和业务部门去跟进。换句话说，人才盘点的流程边界是到人才发展措施开发出来为止。对行动措施的进一步跟进执行、过程管控和结果评估等，交予相关部门负责（以人力资源部为主）。
- 人才盘点的最终任务，除了对辨识出来的高潜力人才和继任人选提出发展措施外，还有一个"副产物"：问题员工的处理。其实质是绩效管理的一个补充，定义中没有强调这个任务。
- 简要地说，人才盘点输出有三部分内容，依次是递进关系：1. 辨识人才；2. 制订继任计划；3. 确定人才发展措施。

这个定义内容指向明确、任务外延清晰，和其他管理功能特别是既定的人力资源管理模块没有混淆和相互干涉。其中部分工作面和人力资源管理有交集，但没有冲突影响，包括以下几方面：

- 绩效评估结果：在辨识人才和制订人才继任计划时，需要利用员工绩效表现的评估结果。这是将最近或前几年的绩效评估记录作为参考，没有干涉绩效管理流程；
- 绩效和潜力的综合辨识（即人才九宫格）：这方面的内容在传统的人力资源管理模块里是缺失的。有了这个工具，让企业以合理的方式找出人才，是人力资源管理很好的补充；
- 继任计划：在一般人力资源管理的任务中，这方面的功能发挥相对较弱，有时或体现在培训与开发的职责中。人才盘点将继任计划专门提取出来加以重点关注，是人力资源管理的增值活动。

- 人才发展措施：将辨识出来的高潜力者以及继任候选人，纳入人才发展的对象中，并确定相应的培训、培养的措施。这方面的工作没有干涉培训与开发本身的流程，而是为组织与人才的发展提供了工作依据。

我们也可以换一个容易理解的人才盘点含义来表述：这是与继任和人才发展相关的，并且是人力资源或其他业务管理功能没有覆盖而需要补强的流程。

本书是在这个定义的基础上，展开分析讨论。

# 第二章

# 人才盘点的通用模型

## 辨识人才
- 工具：人才九宫格、360度评估
- 辨识元素：绩效和潜力
- 产出：
  - 高潜人才
  - 人才九宫格分布
  - 问题员工

## 制订继任计划
- 工具：人才九宫格、组织人才状况、人才简历
- 辨识元素：高潜人才、离职风险、业务影响、可调动意愿
- 产出：继任计划

## 确定人才发展措施
- 工具：70:20:10学习法则、人才简历
- 辨识元素：高潜人才、继任计划、能力强/弱项
- 产出：
  - 人才发展措施
  - 加薪/晋升/招聘计划
  - 问题员工纠正措施

在人才盘点的定义基础上，本书主张一个简洁明了、适用范围广的操作模型，让绝大多数的企业易于理解接受，降低复杂度、简化流程、缩小覆盖范围，高效地完成人才盘点工作。

# 一、通用模型

定义和内容是相互决定的。明确了定义，人才盘点在业界中内容过于复杂和边界不清的问题就有了解决的基础。怎样更容易地理解人才盘点所包含的工作任务？怎样方便地去操作这个流程？本书建议通过建立模型来理顺思维并解决这些问题。

我们需要知道一个现实：目前国内很多的企业，基本都在实施人力资源六大模块，而绝大多数都没有实施人才盘点。这个现象的原因，除了人才盘点是一个新鲜的事物以外，还欠缺一个适用于大众企业的通用模式。

前面提到，绝大多数从业人员对人力资源六大模块已经有高度的统一认可，这个现象的原因是，那些被高度认可的理论或实践，都已经模型化。模型化的管理理念和方法，脉络清晰且逻辑性强，并经过实践考验。人们对被认知广泛而深刻的模型，实施起来自然得心应手。

以人力资源三支柱模型为例：SSC（Share Service Center—共享服务中心），HRBP（HR Business Partner—人力资源业务伙伴）和COE（Core Of Excellence—专家中心）的三个模块化运作模式（见图2-1）[①]，很清楚地表达了有别于传统人力资源的管理方法。这个模型在业界中没有被人改造创新，认可程度很高。也许是因为这个模型的发明者是人力资源管理大师戴维·尤里奇，但毋庸置疑的是这个理论迄今为止在实践上是经受了考验的。三支柱模型未必适用于大多数企业，特别适合组织结构图复杂、经营业务地域分布广的企业，也就是说它的通用面还是受到制约的。然而，只要是导入这个三支柱模型的企业，几乎都可按照这个模型去实施，十分具有普适性。

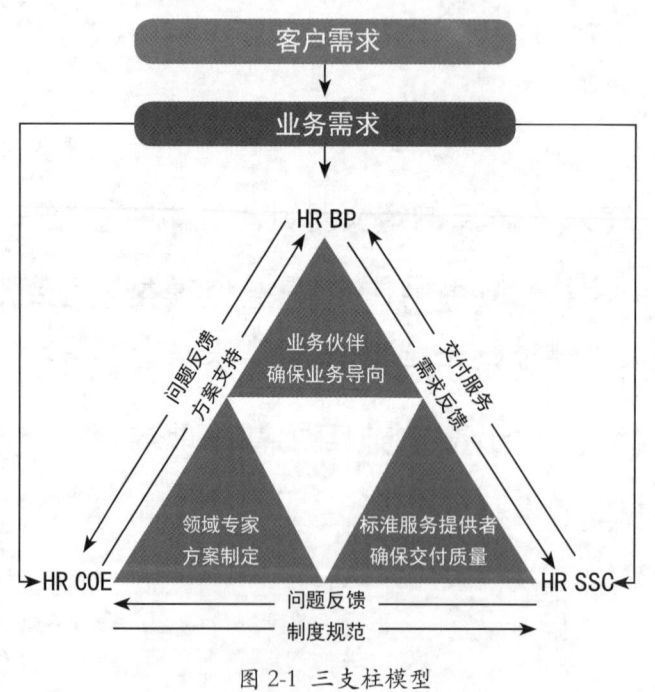

图 2-1　三支柱模型

---

[①] 摘自 https://www.hrloo.com/rz/14450480.html （三茅），作者：欧德赵。

另外一个关于模型的典型案例，是胜任能力模型（见图 2-2）[1]。导入的方案几乎都有三个阶段：要素提取阶段、要素验证阶段、形成模型阶段。推行胜任能力模型的公司都有能力词典和模型。它和三支柱模型类似，一旦推行，几乎都采用这个设计思路。但不幸的是，相当多的中小企业没有导入胜任能力模型，原因是耗时长和需要的文件较多，不少企业认为用粗放直接的方式来判断人才的能力和任职资格，比建立胜任能力模型效率更高，尽管事实未必如此。

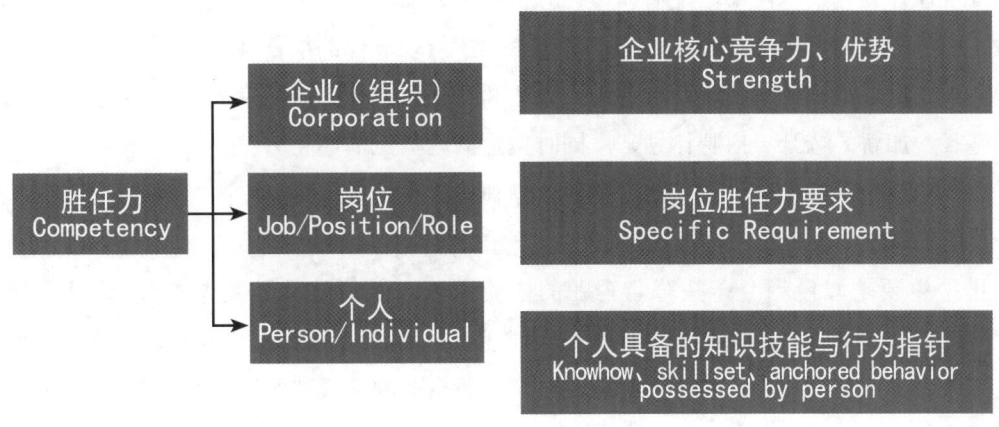

图 2-2 胜任能力模型

在人才盘点方面，目前业界内某些咨询公司有自己的模型方案，却没有像三支柱或胜任能力模型那样被广泛而统一地认同。笔者在前述人才盘点定义的基础上，综合分析国内外的主要做法，提出可适用于大多数企业的人才盘点通用模式（见图 2-3）。

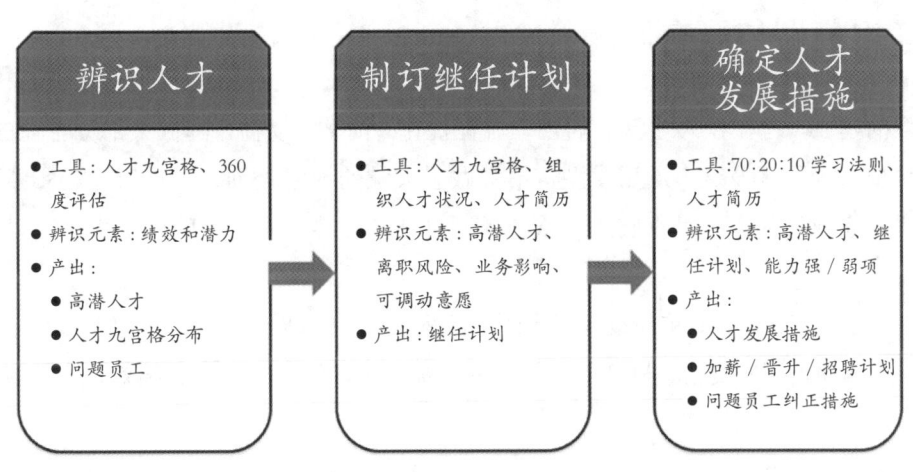

图 2-3 人才盘点通用模型

---

[1] 摘自百度百科，来源：伯特咨询。

这个模型包括三个主要任务，按顺序分别是：辨识人才、制订继任计划、确定人才发展措施（和人才盘点的定义相一致），通过收集资料、统计评估、逐级初盘会议校正、终盘会议的流程来完成。相对业界中的很多方案而言，这个模型容易学习，任务简单且思路清楚：

在**辨识人才**环节中，以绩效和潜力分别为纵横坐标，形成人才九宫格，将人才归类为九种，识别出高潜力的人才，同时找出需要帮助和改善的问题员工。

在**制订继任计划**环节中，通过评估和讨论分析候选人的绩效和潜力、人才简历（强／弱能力项、离职风险、业务影响和可调动意愿等）等，确定企业中管理职位的继任计划。

在**确定人才发展措施**环节中，针对高潜力人才和继任候选人的进步空间和发展机会，讨论确定人才发展措施（含加薪／晋升／招聘计划），同时拟定问题员工的纠正方案。

这个流程的三个任务的关系是：制订继任计划和确定人才发展措施是人才盘点的目的，辨识人才是这两个目的的基础。

这个模型主要是源自当今一些著名企业的主流做法，尤其是世界领先的人力资源应用软件如 Oracle（甲骨文）、Workday、CornerStone 等在人才盘点（Talent Review）上模块的设计。在此基础上，笔者通过对人才盘点的内在逻辑的深入剖析，结合一般企业的管理和经营实质，参考各种文献和专家意见提炼而成。

本书全部的内容主要围绕这个模型展开阐述。描述模型是展开思想和方法，实际操作上每一步需要完成的内容，是通过企业设定的流程去操作，并且都是体现在同一个载体——人才盘点会议上使用的汇报幻灯片（PPT）上。本书在讨论模型之时，会不断提及会议 PPT。通用模型讨论完成之后，会阐述流程的实施、会议和时间安排，也会给出会议 PPT 的参考模板。

## 二、通用模型与既有职能

通用模型的建立，旨在让人才盘点的管理流程优化、简洁、易懂，降低大部分企业的学习难度，产出实用的价值。为了开发这个通用模型，笔者做了大量的搜索查询、文献研究和实践总结，获取了不少咨询界和企业界的人才盘点实践现状。经过总结，业界人才盘点的做法大体可以分为两种类型：

第一种类型是评审、回顾、重新设计多个管理流程或任务，涉及的范围有：组织结构、业务战略、人才素质、人才测评、任职资格、胜任能力模型、人员数量、能力、潜力、绩效、人工成本、培训与开发、招聘，等等。

这一类型的人才盘点，多见于国内企业。虽然不同企业的具体侧重点有所差异，但基本上都是大一统的全面评估理念，甚是符合"盘点"这个词的字面意思。这种做法与仓储物品和账目的盘点工作方法类似，将人力资源的各种模块内的任务，甚至长期经营战略和业务都涵盖进去，进行分析、回顾、评审等。而且在各种任务的"盘点"中，采用多种因素考量、多角度评估的方法，最终需要执行的任务多样化，复杂度高，相当于企业人力资源甚至是其他业务职能的全面回顾。

翻阅市面上诸多咨询公司人才盘点的方案以及几本专著，均不难发现内容多、涉及面广是共同特点，想要完成一次人才盘点，远远不是一件简单的工作。

第二种类型是人才的绩效和潜力的评估、继任计划、人才发展措施的会议。

这种模式和本书提倡的通用模式相类似，大多出现在世界领先的企业管理应用软件的人力资源板块中。几乎所有美国咨询公司所提倡的 Talent Review，或者相关文摘所呈现的理论，都是这种类型。从通用电气不断发展的 Session C，以及国外诸多的管理应用软件来看，比较统一趋向的关注层面是人才的绩效和潜力、继任和发展。

我们进一步分析通用模型（或上述第二种类型）所涉及的主要任务内容和人力资源传统管理活动或其他既有管理功能的关系，审视是否有重复和不必要的干涉。

- 潜力

在绝大部分企业里的人力资源管理职能或其他管理领域里，没有员工的潜力分析功能。潜力评估在辨识人才、选定未来继任的人才上是不可或缺的元素，其必要性不言而喻。潜力的评估可以由上级直接进行，为了避免主观偏见，可进行 360 度调查，作为支持依据。360 度调查可以是自行开发的纸质调查问卷，也可利用市面上的公开免费或付费的网页调查工具，技术难度不大，且产生的费用不高。它既可以是人才盘点的专属也可作为公用模板为其他调查使用，如敬业度调查、客户满意度调查等。

- 绩效

盘点流程中需要员工将员工的绩效水平作为辨识人才的元素，但人才盘点活动没有参与到绩效目标的设置、过程沟通、结果评估等过程中，没有干涉绩效管理循环的工作。

- 继任计划

继任计划是对企业的重要管理和关键职位的未来继任安排，是企业的一种离职风险防控机制和提高人才竞争力的举措之一。一般的人力资源各个模块没有承担这个任务。如果有的话，大都由培训与开发职能负责（或近年来出现的组织发展职能）。但一般而言，企业对继任计划的重视程度和投入力度相对不足。如果有人才盘点，则增加了这个功能（或从培训与开发中抽取出来），提高这项任务的重要程度，没有混淆原有的培训与开发（或组织发展）工作。

- 人才发展措施

人力资源的培训与开发模块是改善员工的知识和技能、培养人才以帮助提高企业经营业绩的管理活动。其中培训和人才开发的需求可以通过各种办法产生，比如绩效差距分析、胜任能力模型应用、业务需求、培训需求调查，等等。人才发展措施在人才盘点流程完成确认后，交予培训与人才开发职能进行具体的安排，由业务部门执行，实质上是培训与开发任务的来源和依据，没有让培训与开发产生重复的工作，是在培训与开发工作中的一个良好补充。

另外，再来看看通用模型的几个次要任务输出。

- **加薪、晋升、招聘计划**

这几个工作任务输出，是各自功能模块里的任务执行指令。比如人才盘点的加薪计划，可以纳入薪酬体系里的加薪预算方案中；晋升可以说是人才开发的结果，跟随晋升流程即可；招聘可以作为日常招聘工作之一。这三个任务，并无额外的流程需求。

- **问题员工的纠正措施**

员工的绩效问题可以在绩效管理循环中处理。使用人才盘点的人才九宫格分析工具，让问题员工的差距、改善空间、纠正措施和处理进一步得到确认，并且在盘点会议上领导团队达成共识，会比仅在问题员工所属部门处理更合理有效。因此在这方面没有和绩效管理冲突。

总的来说，本书的通用模型是一个不产生重复工作，不会干涉已有的管理职能，没有产生大工作量并且可以增值的管理流程；不会因为对已有的职能重新"盘点"一次而产生复杂的管理流程。前面说过，人才盘点没有在学术界出现专门的子学科，也没有管理大师出版过专著。管理和自然科学不同，并没有必须遵守的公理和定律。在业界尚无统一、成型体系的情况下，当下社会上出现人才盘点的各种各样的理解并因而派生出各种方案，属于正常现象，企业有自己选择管理方式方法的自由。

## 三、人才盘点的对象

人才盘点重点关心的对象，是人才，否则不叫人才盘点而叫员工盘点。所谓人才，是企业追求的且不容易获得的人力资源。俗话说，找"人"容易，找"人才"难。人和人才是的区别明显的。一般而言，绩效好、能力较强、市场稀缺、对企业贡献大的员工，称为人才。在人才盘点中，通过人才九宫格以及人才盘点会议的讨论，辨识出绩效和潜力上佳的员工可称为人才。区别于此类，我们称其他人为一般员工。人才是人才盘点中所关心的，而不是普通的员工。

人才盘点考量的基本对象是企业管理类职员，即所有白领职员。其中重点是管理和关键岗位的员工。目前国内外人才盘点的实践，均不包括操作工人和基层业务的员工（即制造业操作岗位的蓝领工人，或快消行业中一线的营业员或业务员）。本书认同这种做法，人才盘点需要向重点对象投入资源，有的放矢，是针对企业成长、增加企业竞争力影响较大的人才。

白领工作者是除了蓝领员工以外的办公室职员，包括功能部门（如人力资源、IT、财务等）员工和业务部门的员工，如工程师、市场销售人员、生产管理人员、研发人员、中高层管理人员，等等。其中，中、高层管理人员是人才盘点的重点关注对象。

有的企业认为人才盘点在开始时，要先定义重要或关键职位，这其实是一个可以省略的环节。我们只需要将企业的组织结构图上的主管级、经理级及以上的人员，也就是每一个盘点单位负责人向下两级的管理层，作为继任计划的基础蓝图，再兼顾关注个别其他关键职位的员工，即为人才盘点的对象。

具体来说，管理职位是在这个企业中的副总、事业部、分公司/子公司责任人、部门经理/主管。而关键职位人员在大多数情况下，是指该岗位对企业的经营起到重要作用，或者是与企业核心竞争力有关的任职者，比如企业核心技术的工程师，或企业大客户的主要关系人等。如果从岗位体系中来体现关键职位，他们常常会处在中高层干部群体中，仅在很少的情形下不属于中高层干部。所以，在人才盘点进行的过程中，讨论人员的范围主要关注本单位的主管级、经理级员工即可。

如果确实因为企业的自身情况需要，基层业务或操作工人的主管（如营业员领班、销售业务员的主管、蓝领工人的线组长）需要纳入人才盘点范围的，企业可自主抉择安排。

人们对人才盘点关注最大的是企业负责人（总裁/CEO）的接班人安排，如通用电气的杰夫·伊梅尔特的选择过程曾闻名全世界；国内的阿里巴巴马云退休由CFO张勇接任、联想集团杨元庆的长时间任职等，都在国内管理界有比较高的关注度。对于广大的企业特别是民营家族企业的老板们来说，选择接班人是他们不得不思考的重要事项。在不少情形下，民营企业掌门人接班是一件令人烦恼的事。在这方面，通用模型及其基本原理可以作为操作参考，但因为位高权重，考虑的因素会较多，这个决策过程是非典型的，本书不在这方面着重笔墨论述。

## 四、人才盘点的数字化转型

当今世界已经开始进入了数字化时代并迈向人工智能。目前，数字产业的精细分工和应用的模块化，已经使数字智能互动的便捷性大大提高，企业管理的数字化变得可行。2020年的新冠疫情更是成为企业数字化管理的一剂催化剂，加快了企业的数字化管理转化进程。

人力资源数字化转型是一个持续迭代、不断进化的过程。早期（20世纪80年代）是记录人事数据为主的人事信息系统，中期（1990—2010年）发展为以人事部业务管理为主的人力资源管理系统，到现在（2010年以后）以移动互联网、云计算、大数据、人工智能等新技术为手段的数字化人力资源管理平台，技术创新不断推动着人力资源管理的数字化转型和升级。

人才盘点流程在这个大潮流下，也将会在不久的将来以数字化的形式进行，国内外已有不少企业开始在线上进行人才盘点，一些人力资源管理软件系统也设置了人才盘点模块。

京东集团目前国内在线上应用人才盘点，严格来讲尚未数字化，但可以说是国内人才盘点信息化的典型案例。2016年，京东在线上展开了人才盘点系统的应用，覆盖1.3万名员工，在线上创建了700多场盘点会，2800多盘点人在线上撰写盘点资料，人力资源部在线上创建人才盘点会，所有资料及九宫格分布都在现场系统直接调整和确认，盘点会结束时录入现场所有评价记录。

不仅是大型企业、资金实力雄厚或高科技企业才有条件实行人力资源的数字化管理，在大趋势和社会规模效应的引领下，管理数字化迟早会在一般中小企业实现。

人才管理数字化发展的终极阶段将会是人工智能。甚至在某些前卫企业中人工智能场景已经开始应用。比如，谷歌采用人工智能技术，收集员工的公务行为、穿戴和表情，可分析员工的敬业度，代替了传统的调查方式，而且结果更为准确。相似的还有员工离职率的大数据预测等。如果到了这个阶段，人类社会的企业管理思维和模式会发生颠覆性变化。人才盘点概莫能外，人才辨识、继任计划等可以开发数据化管理，并且整个人才盘点的过程会由此发生巨变。届时本书所倡导的人才盘点模式应该会被新的方式替代，甚至全部功能都被颠覆。

本书不对人才盘点的数字化流程或人工智能做深入探讨，而仅对流程信息化管理的逻辑和原理做简述。

人才盘点的线上作业，是跟随着人力资源整体信息化而发展的。所有的在应用软件上功能设置的逻辑依据，仍离不开事物本身的基本原理。管理流程从线下走到线上，需要以原型为基础，并且同样需要有价值的体现。

笔者收集了国内主要的人力资源管理软件，根据其官网做了关于人才发展和人才盘点的统计（见表2-1），发现人才盘点并没有在大部分的人力资源应用软件中体现，这实际上一定程度上反映了现实，人才盘点并没有达到广泛在线上应用的程度，和大家观察到的似乎很火的情况不一致，这从侧面印证了人才盘点通用普适性以及通用模型建立的必要性。

表 2-1 人力资源软件和人才盘点功能

| 分类 | 人力资源软件公司 |
| --- | --- |
| 有人才盘点模块 | Oracle（甲骨文）、Workday、CornerStone、肯耐珂萨、东宝DHG、MCHR（名才HR）、北森 |
| 有人才发展模块但无人才盘点 | Kronos、用友HR、万古科技、泛微、金蝶HR |
| 无人才发展和人才盘点功能 | i人事、施特伟、宏景软件、汇通科技 |

本书倡导的通用模型，主要的借鉴和启发就是来自像Oracle（甲骨文）、Workday、CornerStone On Demand这种全球领先的人力资源软件中的人才盘点（Talent Review）的设置。这些模块中，无一例外都包括潜力、继任、离职风险、业务影响、盘点会议等。笔者认为，顶级的应用软件的开发，其原理和逻辑是来自非常专业的行业专家或大众高度认可的实践。

有些大型企业有个性化订制和开发的管理软件系统，包括人才盘点。不可否认，企业当然可以根据自己的情况设计管理流程，通用模型的主张并不排斥企业的个性化做法。

## 五、人才盘点和人力资源的关系

在很多介绍人才盘点的文章中，经常强调一个观点：人才盘点是一个业务流程而非人力资源流程，最早的说法源自介绍通用电气的 Session C。这种说法反映了人才盘点的本质属性，强调业务部门的主导角色，重视人才盘点在整体经营中的重要性，让业务部门或企业负责人将人才盘点视为自己的重要工作任务之一。从职责的安排上来看，任何一个业务流程，包括财务、市场销售、研发、生产、物流，等等，都要落实到部门职责内，并非将一个工作任务直接放在企业负责人（CEO/总裁）之下。企业的长期战略、短期年度目标制定是企业负责人的最高工作责任，但具体的策划安排还是要由部门来完成。因此，更好的表达是，人才盘点是企业领导和所有业务部门都要重点关注、亲自参与并决策的一个流程。具体的工作安排和流程的驱动与执行监督，还是需要一个主管部门去负责。

这个部门，应该是人力资源部。从管理职责的内容相关性看，所有人才盘点的有关事宜，在专业研究解释、实践操作、主导推行等方面，无一不和人力资源有关。因此，从组织分工的效率来看，人才盘点应属于人力资源的管理范畴，列入企业人力资源部的工作职责是合理的。按照人才盘点的职责任务特点，并不必要去拔高其成为一个单独的人力资源模块。因为目标对象是人才，具体可以纳入培训与开发（T&D – Training & Development）模块中。有的企业设置了组织发展（OD – Organization Development），也可以归入其职能中[①]。

这个管理职责安排和人才盘点是一个独立的业务流程，没有矛盾。企业里的每个部门的领导主管，必须承担起选人、用人、育人、留人的职责，比如业务部门主管需负责团队和下属的绩效管理、日常在岗教育培训等。在这种意义上，所有的经理都是人力资源经理。而人力资源部扮演的角色是总体负责人，提供人力政策和框架，进行组织、协调指导，确保任务完成。同理，人力资源部是人才盘点流程的领头人，负责制定政策和流程，主导计划的安排，提供培训和使用工具，协调盘点会议、资料的收集统计，计划执行的监控，等等。

针对高潜力人才和继任人选的培训发展措施，是人才盘点输出结果之一，这些措施的执行过程，如培育项目开发（培训、导师辅导或帮带、工作职责扩大、工作轮换等）、跟踪和实际执行的是培训与开发职能中的一部分而不是人才盘点的内容。因此，将其归入培训与开发功能内是合理的，边界清晰。不应混淆人才盘点和培训与开发各自的功能，人才盘点是培训与开发的前端流程。

如果企业应用的不是传统的人力资源管理方式，而是采用由戴维·尤里奇创新的人力资源三支柱模型的管理方式的话，COE（制度中心）负责开发人才盘点的流程设计和制度；HRBP（人力资源伙伴关系）负责主持盘点会议和协调控制进程，SSC（共享中心）负责人才盘点的数据管理。这种运作方式，

---

[①] 培训与开发和组织发展之间的关系和区别，本书不做讨论，为了方便更多的读者理解，本书一律以培训与开发这个名称展开阐述。

不会对人才盘点的流程和结果产生改变。

本书认为人才盘点是人力资源部的培训与开发职责中的一个工作职责。人力资源部的培训与开发专责人理应和人力资源经理一起，熟悉人才盘点工作，主持相关工作。这样定位人才盘点，并不意味着业务单位对人才盘点的责任豁免，正如前面提及的，所有的业务经理都是人力资源经理，需对本团队的人才培育和管理负责。

## 六、人才盘点的保密要求

整个人才盘点内容都集中反映在盘点会议的PPT中。相关资料和数据，有的是客观定性的，如组织人才状态、人才简历、人才九宫格图等，有的是企业经营中体现的定量数据，如敬业度调查分数、离职率、缺勤率、招聘率、继任率、高潜人才比率、人才九宫格分布比率和人数、绩效等级等，有的需要通过360度调查或上级主管评估的结果，比如潜力水平、离职风险、业务影响等。这些资料需要在盘点会议前，在流程计划规定的时间内准备好，人力资源部是负责收集这些资料的部门，里面的部分资料是用人部门提供给人力资源部。人才盘点资料（包括会议纪要）在终盘会议后，需要存档保留，下一年的盘点将会回顾，检视人才发展措施的执行情况和人才的继任、发展情况的变化。

有人在理论上阐述对人才盘点的保密性公开与保密分别各有优缺点。但现实中的企业，绝大多数是采用保密政策的。这是因为企业对员工的晋升和发展的安排，具有比较高的敏感性，和薪资待遇采取的保密政策原因十分相近。有专家认为在某些具备开放性的特定企业可以采用公开薪资政策，但在现实世界中的企业，几乎看不到。类似地，人才盘点对人的继任、培养的决策，特别是问题员工的纠正计划，属于敏感范围，应该采用保密政策，而仅对人力资源部相关负责人和盘点范围的管理者公开，并且对所有被盘点对象都保密。

然而，人才盘点的实际保密效果会比薪酬数据要低，相应的敏感性也稍低。和薪资处理的方式不一样的是，被定义为高潜或继任计划候选名单的人才，将有相应的培养计划跟进，从而使人才盘点某些决策被员工推测发现。然而，人才盘点的人才发展措施，是和日常的培训和发展工作结合起来的，人选会年复一年变化，加之是按年度滚动向前进行，每次的相关决策并非最终生效，人们就会理解这是一种计划，从而降低了人才盘点决策在后续执行工作中的敏感度。

# 第三章

## 通用模型的普适性

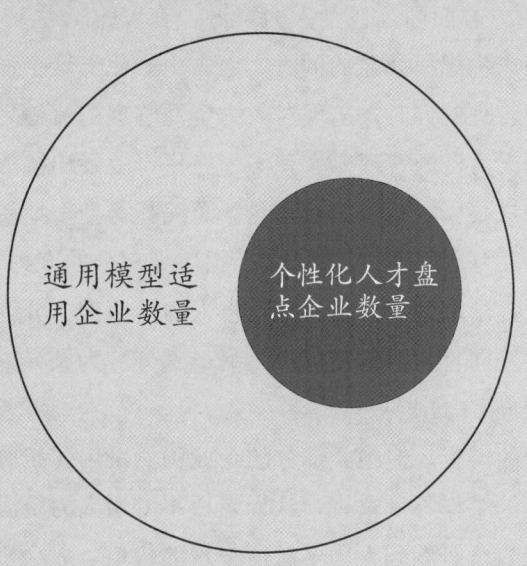

某些企业可以根据自己经营的特点,开发和实行流程比较细致、任务内容比较多的人才盘点。但本书推荐的人才盘点通用模型具备普适性的特点,能为社会上绝大多数的企业应用。

## 一、人才盘点的普适性

自约一百年前科学管理之父泰勒开启了企业管理以来，人事部开始出现在企业组织分工中，处理发工资、招聘、保管人事档案资料等事务性管理工作。从20世纪80年代开始，出现了人力资源管理的概念，企业认识到人作为资源的重要性，传统的人事管理转向人力资源管理，充分关注和开发员工的效率和贡献，让企业获得竞争优势。

近十几年来，由信息科技发展引领下的人类社会，出现了经济活动和日常生活方式的巨大改变，这种改变传递到企业管理的方方面面，包括人力资源。在VUCA大环境下，必须改变对员工的管理方式。在企业不断壮大而产生规模效益的同时，"去中心化"这个词在这几年来高频出现。企业所有者在不断重视人力资源管理的同时，出现对人力资源管理的流程之烦琐和价值贡献低的质疑。

早在十几年前，著名的人力资源管理专家戴维·尤里奇就发出挑战，提出人力资源管理不能仅关注活动，更要关注产出和成果。《哈佛商业评论》总编托马斯·斯图沃特在《财富》杂志上扬言要"炸掉人力资源部"，列举人力资源部的官僚状态，指出大部分的人力资源工作应该通过外包完成。管理大师拉姆·查兰则撰文提出取消人力资源部，将人力资源部一分为二，一部分称之为行政人力资源，主要管理薪酬和福利，向首席财务官汇报；另一部分称为领导力与组织人力资源，主要关注提高员工的业务能力，直接向CEO汇报。

虽然象牙塔尖上有质疑的声音，但绝大部分的企业仍然采用传统的人力资源管理模式。某些人力资源从业者，常抱怨自己的工作不受重视，认为老板不太懂人力资源，对人力资源管理不重视。究其原因，其实是企业的老板没有看到人力资源所呈现的价值，才会出现这种现象。

人才盘点看似受到不少从业人员的青睐，很多企业主都很感兴趣，但实际上能真正落地实施的企业则十分有限。这些年几家大型企业首先亮相的人才盘点做法受到很多关注。然而，管理没有定型的标准，几家大型企业的做法，未必能够在其他企业实施获得成功，恰恰是它们复杂的操作过程和各不相同的模式，令大量的中小企业，甚至也包括一些大型企业，望而却步。企业主或最高负责人，看重的是企业的最终效益，无论是短期的还是长期的收益，都必须有扎实的功能部门绩效来支撑。

从另一个角度来看，企业没有一成不变的模式，某些大型企业的管理方法虽不能被所有的企业模仿，但其本身却可能是非常成功的。如果本身具备充足资源和条件，完全可以采用严谨细致的流程体系。例如，胜任能力模型、三支柱体系需要在具备一定条件的企业内才能有效地实施。而对于其他千千万万的一般企业，常常根据自己的行业和本身的特点，主动或被动地在实践中对理论体系进行调整，探索出合适自己的管理模式。

在人才盘点方面，有的企业追求流程完美或内容涵盖面广的做法，再正常不过。然而，本书的通用模型，强调的是普适性，即适合大部分的企业和经营环境条件，是为了便于广泛应用，让人才盘点在绝大多数的企业得以实行。

人才盘点并非大企业的专属，除了几十人以内的微小企业外，几乎所有的企业，无论什么行业都可以做人才盘点。二十多年前，当国内企业的一般人事功能（招人、发工资、管理人事档案等）升级到人力资源管理（全面的人力资源开发、激励和管理等）时，有人认为小规模企业不需要人力资源的概念，仅维持人事职能就可以了。今天，这种讨论已经消失了，因为小企业一样要以人力资源的理念和方法来运作。同样，广大中小企业也需要通过人才盘点来增强人才竞争力。

今天企业的规模，如人数、资产和占地面积等，和市场价值未必是完全成正比的关系。按国际通行标注，500人以下规模的公司为小企业；500～2000人为中型企业，2000人以上的为大型企业。鉴于当今社会的科技、生产力和管理水平的高度发达，加上经济活动的分散合作、精细分工的态势，企业的生产能力和效率已经今非昔比，500人规模的企业产值（或销售额）在几亿元以上是轻松平常的事。显而易见，在几亿元年产值（或销售额）的企业里，人才的发展和维持保留，也是获得市场竞争优势的重要决定性因素之一。基于中国三千多万家注册企业，将人才盘点功能打造成普适的流程进行推广，是很有意义的。

因此，大部分的企业需要有一套相对一致的、得到普遍认可而且高效的人才盘点操作方法。要到达这个目的，就是让绝大多数的企业除了获得有价值的收益外，还需要有以下几方面的特点：

- 简洁、逻辑清晰的执行过程；

- 适合大多数企业的现实管理基础；

- 成本或费用低；

- 不混淆或重复其他职能或流程；

- 所需的知识技能难度和复杂度不高。

要将人才盘点推广成为普适的管理流程，就需要做到符合或接近上述的通用性特点，降低复杂度，使从业人员乐于推动，让参与者便于接受。

因此本书的人才盘点通用模型不做过多的内容覆盖，避免既已存在的管理功能被这个流程再"盘"一次，否则会造成管理冗余，浪费资源，甚至可能引致混乱。比如，组织结构的设置属于企业战略规划以及人力资源规划中的内容；任职资格的审核属于人力资源规划或工作分析的任务（有的在工作职位说明书中体现）；胜任能力模型的回顾属于完全自成体系的独立项目；人才素质的评审和职位说明（或胜任能力模型）高度相关；人才绩效标准的设定则完全属于绩效管理中的职责内容；战略洞察或重新评价属于战略管理的范畴；员工数量和业务规模的匹配属于人力资源规划的工作任务，应该在年度预算、战略规划甚至日常工作中完成。

此外，通用模型也没有将人才盘点的范围扩大到人才发展的具体工作上，不会使人才盘点工作面过大而干涉培训与开发模块的工作，造成重复工作甚至混淆。

我们可以看到业界中有些咨询公司推出的人才盘点项目，扩大了服务范围，实为人力资源全面诊断，是提供各种人力资源模块的咨询。比如任职资格标准、组织发展规划，等等。从管理的效率和目的、出发点看，专门对现有职能做一次全面的盘查和评估，必要性不大。完成咨询服务后，一旦经营者没有看到它的实际好处，就会被束之高阁，没有持续动力。

对于想自主推行人才盘点流程的企业，如果流程和内容过度复杂、工作任务太多、学习和掌握困难，一般的企业管理者会面临抉择困难，特别是不少中小型企业会因此望而生畏，最后往往是放弃人才盘点。

本书所建议的定义及其基础上的通用模型，可以将各种不必要的工作排除在外，让人才盘点有的放矢，使其成为相对专一的、具有价值输出的职能。

在这个认知上，下面阐述为什么本书不建议在人才盘点流程中应用人才测评、不做组织和战略盘点，也不重点应用任职资格体系和胜任能力模型。

## 二、人才测评的必要性

人才测评的前身是心理测评，应用于心理学研究、精神科门诊以及教育领域。近几十年来，心理测试逐渐发展为行为测试，原来仅作为个人自我了解的参考，慢慢演变为人力资源管理的工具之一，应用在人员的招聘甄选、人才的培养和晋升的参考中。在个人方面，可以在职业生涯规划、自我认知与完善上发挥作用。

因为人才盘点中的人才评估和识别是主要任务之一，在继任计划中的任职资格和能力也需要评估，于是有人主张将人才测评派上用场。有不少国内咨询公司的人才盘点方案引入人才测评，主要是用在潜力的评估以及和继任计划相关的任职资格的参考上。而在现实中，包括国内有些大型企业和全球五百强外企（Talent Review）的实践，人才盘点是利用会议讨论（即人才盘点会议）来完成人才评估的，绝大多数没有使用人才测评技术。在美国，如果人才测评用于日常管理，比如绩效考核、招聘和晋升，须非常谨慎，否则会惹上法律诉讼。公平雇佣法（EEO）是人才测评的拦路虎。法律法规对某事物的限制，足可以证明在立法、道德层面对某件事情的定性。

人才测评在国内有不少的争议：无行业标准，未经科学论证和测试、没有相关的法律法规、统一的规范和质量认证等。有些测评工具在本行业里受到直接的质疑，网络上有不少这类信息。比如著名的MBTI（Myers-Briggs Type Indicator，迈尔斯布里格斯类型指标）在维基百科的批评与争议栏目："纵然MBTI在业界和流行文化中活跃，在心理学界它则饱受批评"；"MBTI的用语被批评为很模糊和笼统"；"没有证据指出特定性格的人适合从事特定的职业"。百度百科的MBTI词条中有质疑："美国国家科学院指出……用来做职业规划更是不靠谱"。

人才测评在实践操作上是复杂的而且是有一定难度的。操作过程必须尽量准确，确保信度和效度。如果企业在较低的水平上应用，例如在网上找免费的测评软件，或购买比较便宜的软件，测评结果的信度和效度较低。如果企业走测评正规化路线，需邀请合格的测评师、购买权威或订制的测评方案，对于广大中小企业来说是一笔不菲的支出（价格可达 5000 元／人），企业中的相关人员也需要有足够的专业知识，这些都导致人才盘点的门槛很高。人才盘点是一个每年都需要重复执行的流程，如果每年都要经过测评关，难度大而且费用高，会成为"贵族"流程而阻碍人才盘点的广泛推广，让大部分中小企业望而却步，最终将大量的中小企业排除在人才盘点之外。

企业经营的本质是从事创造经济利益的活动。市场经济条件下，所有的经济活动需顺应外部和内部的情况灵活应变，管理活动是在复杂、动态和多因素的条件下进行决策来创造价值。人才盘点既要重视领导者的主观判断，也要参考团队的群体意见，这个过程中主观判断是必要的。个人决策或经过团队讨论然后再拍板的，在诸多企业重要决策中司空见惯，不可避免。人才测评专家也都认可，人才测评的目的并不是寻求对人的判断百分之百准确，而是提供客观参考依据，避免主观决策错误。如果想避免人才盘点中的主观错误，360 度调查完全可以替代人才测评。它的评估者是企业内部的人员，熟悉企业实际情况，了解被评估人。企业内部多样本的综合评估结果，比外部拿来的人才测评更能达到企业识人、用人的目的。

在任职资格和选才、招聘和培训等方面，人才测评作为一种辅佐抉择的工具，是当下不少咨询公司的主营业务。但如果是受到咨询公司的盈利模式的驱动，专门将人才测评业务和人才盘点联系在一起，这不是正确的出发点。

对于一些大型企业，如果具备较好的资源和条件，引入人才测评当然无可厚非，是企业自己的决策自由。管理没有定式，企业可以自主决定管理方法和模式。而本书建议，作为一般企业，人才盘点的标准流程，在潜力辨识、继任候选人的选定中，传统的专用工具和讨论会议足矣。对于有些已在应用人才测评应用的企业（比如：招聘与选择、员工职业生涯参考、特别甄别项目等），在人才盘点会议上的讨论中，可以在陈述意见时引用某些测评结果，作为借鉴和支持。

## 三、组织及战略的盘点

在人才盘点中，会涉及企业的组织和业务战略，尤其是组织结构。有些人才盘点流程的设计者扩大盘点范围，将人才盘点的范围覆盖到组织层面，称为"组织与人才盘点"（Organization and Talent Review）。

企业战略作为公司经营管理的顶层问题，比人才的范围大很多，涉及企业的产品和服务、市场和客户、核心技术资源，等等。相关的工具和方法，有如 PEST、五力模型、价值链分析等。要全面而深入地盘点战略，是一个比较大的课题且是处在企业经营的层面。如果和人才盘点结合在一起进行讨论，要么会在人才方面的关注力度不足，要么会在战略方面仅仅是蜻蜓点水。因此，企业战略讨论放在人才盘点里是不合适的。

在组织结构设计方面，需要考量的因素也很多：专业分工、管理效率、指挥链、领导跨度、集权与分权、产品和服务、经营地域，等等，并且也要将企业的战略定位考虑进去。显然，这也是一个比较复杂的领域，如果将组织结构深入的探讨放在人才盘点流程中，会使人才的专注程度下降。

所以，对经营战略与组织结构的深入研究，是另外的独立课题，应由人力资源规划或组织发展功能去负责，或由高层管理者和企业所有者去思考。将组织和战略问题纳入人才盘点流程进行盘点，人才盘点的流程负荷加重，导致这个流程一方面承载过多的使命，增加了复杂度；人才盘点流程针对性不强，失去重心。也就是说，"人才盘点"是更恰当的名称，而不是"组织与人才盘点"。

然而，毋庸置疑，人才是企业战略的重要元素之一，是组织结构的组成分子。在人才问题上的决策，总是离不开企业的战略和组织结构。所以恰当的做法是将已有的组织和战略方面的信息和规划，运用在盘点会议讨论中，将影响到人才的组织结构重要因素拿出来参考，作为人才决策的背景因素即可，这样做就不会偏离人才盘点的目的。

具体来讲，如果已知可能的战略业务变化，则需要展现未来的组织结构。一旦有新组织结构的预测，就要提供人才方面的预案，应对继任计划和人才发展措施产生的影响。需要注意的是，组织结构的变化是基于已有的信息，不必花大量的时间去开发、研究组织结构，这不是人才盘点的关注重点。因此，在人才盘点会议开始时，需要对组织结构及其未来状况进行展示，作为一个蓝图的基础来讨论人才问题。

此外，某些可以反映组织人才概况的重要指标，如员工敬业度、离职率、缺勤率、继任率等，在人才盘点讨论中有帮助作用，可以统计归纳出来，在人才盘点讨论会议中使用，本书在第五章将进一步阐述。

## 四、任职资格体系和胜任能力模型

在业界，有些人才盘点在任职资格体系或胜任能力模型方面有深入的展开。在本书倡导的人才盘点通用模型中，没有在这方面的展开阐述，仅建议在盘点会议中的潜力或能力讨论中起辅助和借鉴作用。

任职资格不属于人才盘点所需展开的工作，主要是在招聘、调岗、晋升流程中应用，是人力资源管理的既定职责之一。有的企业制定了任职资格体系，有的企业则没有，仅有职位（岗位）工作说明书。无论是成文的，还是临时讨论得出的任职资格，都是指胜任某个职位所具备的知识、经验和技能。当有岗位因为在职者晋升、调动和离职而空缺时，开始启动晋升的任职资格评估流程，人才盘点的继任计划方案是决策依据之一。

继任计划中的候选人选定，是在人才盘点会议上通过讨论决定的。如果在人才盘点中展开任职资格的认定，是重复了其他职能的工作，会让人才盘点失去该有的重点。领导要做到在盘点会议中对下属的合理评价，就需要在日常生活中针对下属的态度和行为以及下属的职业生涯等进行管理，主动关心、观察下属的工作表现和能力，并保持和下属的沟通。并且需要综合考虑复杂的多因素和企业动态变化，对用人、育人提出对企业有益的建议措施。因此，在人才盘点流程中不必要专门进行任职资格评估。如果企业有过往的评估或相关资料，可以借用来作为会议讨论和最终选定继任候选人的参考。

近年来在一些企业导入了胜任能力模型，在应用时相当程度上替代了岗位任职资格或职位说明书。胜任能力模型需要大量研究、面谈、统计等工作，形成文件（能力辞典等）。

人才晋升在最终决策时，受到人为主观意见的左右较大。在日常的工作沟通和任务的执行时，上司对下属的观察是近距离且深入的，和下属的互动是真实的体会，因此对下属能否继任的判断，上司的发言权很关键。真正拍板继任计划的，往往是在人才盘点的终盘会议上，所有的胜任能力模型等文件和信息，都作为参考文件。换句话说，继任计划在实际操作中，由管理上级人为决定的成分占主要决定因素，这是合理的。通用电气在人才继任讨论时，主要是看重上级主管的意见和判断；微软公司的人才谈话项目中，对人的判断也是完全依据上级主管的意见。

从操作可行性上来看，胜任能力模型必须应经营的变化、组织结构的进化而及时做修改，随时备有充足、准确的文件来支持，因此胜任能力模型在人才盘点应用的时效价值会受到挑战。故此本书不建议将胜任能力模型应用在人才盘点中。

我们应该避免管理者对格式化、量化的评估体系过度依赖，放松了要求领导者对团队成员的观察和思考。如果将人才辨识和继任的职责"甩锅"给人力资源所负责的各种评估体系，包括人才测评、任职资格体系、胜任能力模型等，业务经理会丧失判断和评估下属的能力，也会造成在帮助下属、培训下属等方面工作力度不足。

# 第四章

## 辨识人才

### 辨识人才
- 工具：人才九宫格、360度评估
- 辨识元素：绩效和潜力
- 产出：
  - 高潜人才
  - 人才九宫格分布
  - 问题员工

### 制订继任计划
- 工具：人才九宫格、组织人才状况、人才简历
- 辨识元素：高潜人才、离职风险、业务影响、可调动意愿
- 产出：继任计划

### 确定人才发展措施
- 工具：70:20:10学习法则、人才简历
- 辨识元素：高潜人才、继任计划、能力强/弱项
- 产出：
  - 人才发展措施
  - 加薪/晋升/招聘计划
  - 问题员工纠正措施

辨识人才是人才盘点的第一步，利用人才九宫格对人才以绩效和潜力的二维组合进行衡量，辨识出高潜力人才，找出存在问题的员工，同时得到全部盘点对象在人才九宫格中的分布情况。

## 一、人才辨识的维度

在阐述人才辨识之前，我们需要明确辨识的目是什么以及要辨识什么。

根据通用模型，人才辨识的目的是制订继任计划，找出谁是各个重要管理职位未来的继任者。本书一再强调，人才盘点应是企业能创造价值、增加人才竞争力的流程，而不是去重复既有的管理职能。因此，人才辨识的过程不是绩效管理、胜任能力模型、任职资格条件等过程或结果的再现。有的企业甚至将自己感兴趣的细项拿出来评估，比如工作态度、企业文化认可、客户导向、沟通技能、创新精神，等等，这样做欠缺重点专注和恰当分类，会导致人才辨识缺乏一致性和目的性。

要为继任计划选择候选人，并不需要过多的因素来识别人才。人才盘点的核心工具是人才九宫格，是二维评价坐标。最早用九宫格来做人才评价的是通用电气。二维评价使辨识人才的考量因素的数量得以大幅度的缩减，现在为业界所推崇，几乎全部都在应用这个工具。这个工具本身就揭示了辨识人才的方法：仅用对两个因素的综合衡量来辨识人才，能够简洁、快速而且切中要点。有些评价员工的方法，在人才盘点中不必使用，如：加权平均量化比较法、两两比较方法、点数法，等等。

本书主张使用绩效（Performance）—潜力（Potential）版本的人才九宫格，是业界大部分的模式（尤其是在占主导地位的人力资源应用软件以及著名的咨询公司）。通俗地说，绩效—潜力是经典的人才九宫格。企业如果担心自己创新的维度有可能不恰当的话，就直接套用这个经典模式。虽然某些大型企业会使用其他的维度或方法，但对于绝大多数的一般企业来讲，不一定具备模仿的条件。

首先，绩效是没有争议的一个评价因子。在员工所有的属性里，绩效是最接近和影响企业经营表现的。绩效优秀的员工为企业经营贡献突出，是企业所追求的。尽管绩效是时段性的，今年绩效好的员工，明年可能有变，但如果是从连续的评估期（如每年）的绩效表现看，在人才辨识时可以说具备相当有力的证据。绩效是辨识人才的必要标准，是公认的人才衡量维度之一。

除了绩效之外，本书的通用模型采用的另一个评价指标是员工的潜力，这是国内外大部分的企业和咨询机构采用的维度。除了潜力，有些企业使用其他衡量维度，如：领导能力、能力、素质、岗位经验、领导潜力、管理潜力，等等。企业采用不同的衡量维度，都有一定的合理性。然而，需要强调的是，人才辨识不能脱离人才盘点的初衷，即为继任计划和人才发展服务，辨识的出发点是候选人是否具备未来优胜的任职资格去达到绩效要求，即"潜力"属性。其他的属性均比不上潜力这个因子所能代表未来的意义。我们简要分析几个常见的其他识别维度。

● **领导力**

领导力（Leadership）是影响团队成员达成工作目标的能力。对于企业管理来说，领导能力是最重要且可以影响到其他能力的基础。学术界对领导力的研究，远远多于其他特质要素，产生了多种领导行为学说，如：特质理论、行为理论、情境权变理论，等等。据统计，全世界关于领导能力的著作有2万多种。在实践中，大量的企业将领导力作为人才必不可少的考查因素，所以将领导力作为人才的辨识因子，不足为奇。尽管如此，在人才盘点中，如果将领导力作为单独辨识人才的维度，意味着将人才辨识的重点放在领导能力上。相对而言，潜力覆盖面更广，更全面合理，不仅包括领导力，更是考虑到是否在将来胜任更高一级的职位的其他能力，如专业技术能力。

- **能力**

能力更多地指的是完成任务的技能。单独将能力作为人才九宫格的衡量因子，有其合理性。但是，人才盘点不仅关心人才的当下能力水平，也关心人才未来更高的能力。关注人才潜力比关注当下拥有的能力，更能反映人才盘点的目的，而且潜力是包含能力的（在本章第四节有详述）。此外，绩效评估的结果往往包含了能力的评估——大部分的绩效评估系统不仅仅考核客观量化业绩的达成，也包括上级主管对员工在行为、态度、能力等方面的评估。好或差的绩效水平，很大程度上是各种能力综合作用的结果。

有的企业还会进一步将能力细分为各种成分来进行分析，或者运用胜任能力模型（素质能力模型）对人才的胜任能力进行量化评估来表达能力，这样会使辨识过程过于复杂，而且更是局限在能力范围里了。

- **素质**

有人将素质和能力结合在一起，称能力素质。素质是知识、经验与技能的总和，相当于能力的基础。大多数企业并没有对能力和素质做十分严格的区分和定义，在现实中人们对能力、素质、能力素质的理解是基本相同的。素质含有潜力的部分，也包括现有的知识结构和能力。素质没有突出反映未来可以发挥出来的潜力。人才盘点是界定未来的继任者，我们在设计流程和应用工具时，潜力比素质更为妥当。

这里只是对能力、领导力和素质这几个业界出现较多的维度进行简要的分析，类似的还有岗位经验、任职资格、价值观等。总的说来虽有其合理的地方，但都存在对人才评估覆盖面不足和缺乏未来的特性。有的企业或咨询公司，提出两个或多个人才九宫格来衡量多个因素的评估组合。这样做会将人才盘点流程变得复杂，不利于人才盘点机制简洁、可持续地实施。

## 二、人才辨识的标准

有人提出，企业要在人才盘点开始之初，先展开人才标准的制定，再根据标准来讨论、确定人才的选定或职位继任候选人。需制定标准的维度可因企业要求的不同而异。例如，人才标准的维度可能是：任职资格、领导力、素质能力、潜力、绩效、价值观，等等。

人才辨识是群体内比较和选择的过程，这是重要的前提。这意味着辨识是在每一个组织现有的基础条件下进行的，所谓的人才，包括继任计划人选的确定、需培育人才，既不是和外部竞争对手相比较，也不是为了实现某个特定的人才标准。所有的结果和方案，都是针对企业组织的需要，每个企业各不相同。如果在人才盘点之初设定人才在任职资格、领导力、素质能力等方面的标准，无疑是先定标准后评议，失去了在群体中的相对比较的理念。

业务目标会对人才评价有内在的驱动作用，而人才的标准在人才规划、岗位说明书、胜任能力模型、任职资格体系中都有相应的工作面，可以达到专门审定人才标准的目的。通用电气的Session C，整个流程中并没有设定人才标准的环节，但通用电气的业务战略是永远做产品市场占有率的世界前三名，否则出售淘汰该业务。在这个业务定位的引领下，对人力资源的人才要求产生动力。Session C 和克劳顿学院就是为业务战略服务的。人才盘点根据人才现状和业务目标所传递的压力，提出人才培育的期望水平。在每年持续执行的人才盘点作用下，企业人才的整体能力水平得以改善和提高，进而助力经营目标的达成。这个过程无须在流程中设定人才的标准，而是留给其他功能去完成（如胜任能力模型、绩效目标等）。

因此，本书的通用模型中不设人才标准的制定环节，避免流程重复累赘，而直接使用人才九宫格，从绩效和潜力两个维度来识别人才。对绝大多数的企业来说，这样做能节省工作量，效率更高。

## 三、绩效

员工的绩效管理是人力资源管理恒久不变的重要模块。在辨识人才的过程中，一个员工能否被定义为企业的关键人才，绩效表现是主要的评判指标。绩效不好的员工，不应该在人才盘点中受到关注，不会被选定为企业继任者和需专门培育的人才。

大部分企业都有绩效管理制度或系统，每个员工都有往年绩效水平记录。有些企业的绩效管理做法是强制分布，虽然这种方法已经开始受到争议，特别是末位淘汰制（如通用电气的活力曲线），有些企业已经不再实行。中国的劳动法规也不支持用末位淘汰制来终止劳动合同。尽管如此，人才盘点是需要在企业里将员工的绩效高低水平进行分类，才能展开人才识别。

人才九宫格的二维象限和九等分，决定了每个衡量指标要按三个水平来区分，方便理解和快速判断。绩效表现大致分为三种级别：超出期望、达到期望、未达期望。然而在许多企业里，绩效等级未必是三个，而是用五等级或者百分数来评价。有些在绩效管理上走在前沿的企业，甚至不做分级。因此，在进行人才盘点时必须对已有的绩效评价进行转化，变为三个等级。具体的转化方法，可以由人力资源部制定规则后，由管理者（人才的上级主管）评估完成。比如对百分制的绩效结果进行切分，分为三个等级。全体人员的绩效水平在三个等级的人数分布，需基本接近正态分布规律（据统计学研究，当样本量超过20，就有正态分布的规律）。比如，5%～10%为超出期望，85%～90%为达到期望，5%的员工为未达期望。超出期望和未达期望的人数，不一定要严格对称匹配，这是由人才盘点的目的决定的——尽可能地辨识出高绩效和高潜力的人才，比未达期望的员工数量稍多。

这里的绩效三等级所说的"期望"，不仅指管理者针对员工的工作目标设定的绩效期望，也是企业内部的相对比较结果。如前面提及的,这个绩效分类是在内部员工群体中比较的结果。犹如在学校某个班的学生,在学科学习后期末成绩的分类,学生最终的成绩是A、B或C,是在班级里全体学生内比较出来的。

既然是在一个既定的群体里进行比较的相对概念,那么在很多的时候绩效水平的高低,是需要校正的,尤其是在实行KPI体系的企业里。KPI设定了量化的期望指标,事先设定好打分方法和标准,如果最终生硬地套用量化的结果,分布规律常常不合理。在这种情况下,绩效结果需要进行微调、校正。

此外,由于人才盘点是从某一个团队范围中开始的,比如从部门或事业部开始,在绩效分级之后,向上逐级汇总到企业的整体时,分布结果可能仍然不符合要求,这个时候校正的环节也是必要的。所有的校正讨论,是在人才盘点会议中进行。

和绩效管理模块不一样,这时的绩效校正讨论,并非绩效管理循环的一部分,而仅仅是盘点辨识人才的过程要求。在规则制定和应用时,企业可以有自己的方法。比如,使用过去两年的绩效考核结果来界定三个等级,或以最后一次的年度考核结果,再以上级的个人意见进行调整划分,都是可行的。下面是两个例子。

例一(见表4-1):

某部门有25名员工,过去一年的绩效考评采用的是5分制,初始分数和切分后的分布是这样的:

表4-1 绩效考核结果五分制切分

| 原始绩效分数 | 1 | 2 | 3 | 4 | 5 |
| --- | --- | --- | --- | --- | --- |
| 人数 | 2 | 2 | 10 | 8 | 3 |
| 切分原则 | 未达期望 | 达到期望 | 达到期望 | 达到期望 | 超出期望 |
| 切分后人数 | 2 | 20 | | | 3 |

例二(见表4-2):

某部门有25名员工,刚刚完成的年度绩效考评采用的是百分制,初始分数和切分后的分布是这样的:

表4-2 绩效考核结果百分制切分

| 原始绩效分数 | ≤60 | 61-70 | 71-80 | 81-90 | 91-100 |
| --- | --- | --- | --- | --- | --- |
| 人数 | 1 | 4 | 15 | 3 | 2 |
| 切分原则 | 未达期望 | 达到期望 | 达到期望 | 超出期望 | 超出期望 |
| 切分后人数 | 1 | 22 | | | 2 |

## 四、潜力

除了绩效水平以外,本书按照国内外主要的做法,将潜力作为人才九宫格中的另一个人才辨识指标。辨识人才的目的之一是开发继任计划,继任计划本身含有未来的属性,为未来服务。因而识别的人才需要有未来的能力,潜力就是一个含有未来属性的概念,将潜力作为衡量标准,和人才盘点的目的和内在含义一致。

潜力即潜在能力(Potential Ability),是个人能力发展的可能性,这种可能性在具备外部环境或教育培训条件时,可以通过培训、时间的经验积累而发展成为现实的能力。

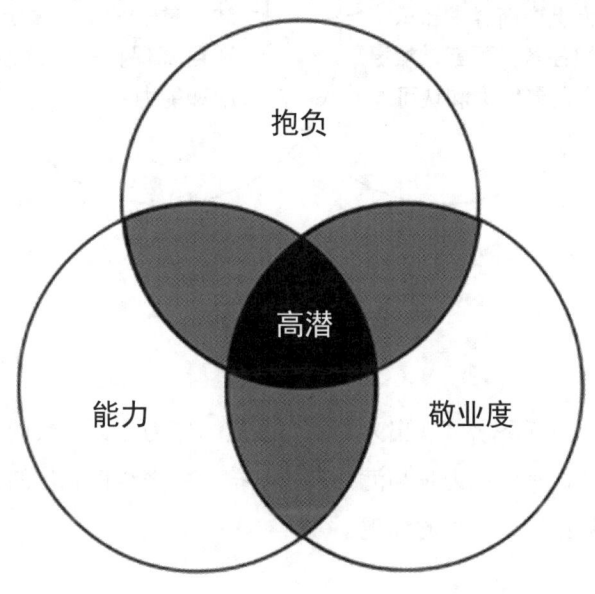

图 4-1 CEB(SHL)的潜力模型

在怎样衡量潜力的问题上,业界有不少版本。本书主张使用著名的商业调研与分析公司 CEB(SHL)的潜力模型(见图 4-1)[1],也是业界对潜力的主流意见。

这个模型指出,潜力是能力(Ability)、敬业度(Engagement)、抱负(Aspiration)的结合。如果一个员工在群体中这三个特质水平都比一般人高时,我们可以判定该员工在这个群体中有潜力(即高潜力)。

世界上很多著名的企业如麦当劳,都使用这个模型。微软公司的潜力模型(见图 4-2)[2]和 CEB(SHL)十分相近。不同之处是"承诺"代替了"敬业度",这两个名称和实际含义,是高度相似的。

---

[1] 摘自:https://www.shl.com
[2] 摘自:《Best practice in talent management》(2010),作者:Marshall Goldsmith,Louis Carters

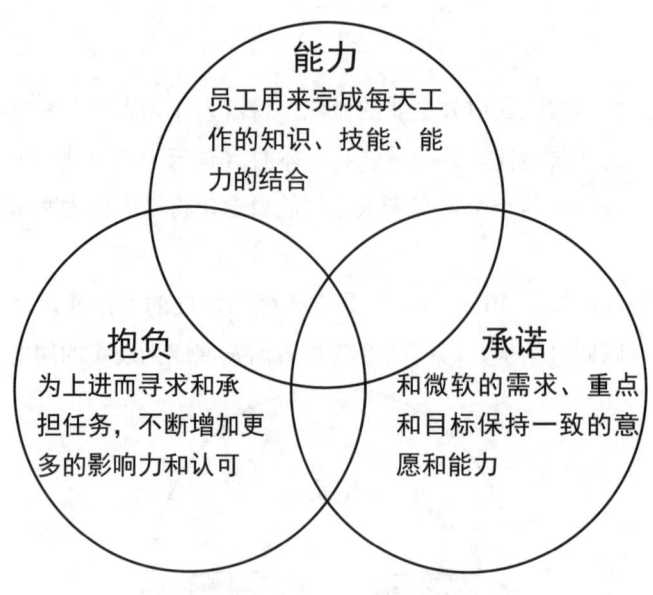

图 4-2 微软的潜力模型

- **能力（Ability）**

能力是完成一项目标或者任务所体现出来的综合素质。能力在大多数的情况下等同于素质，是知识和技能的集合。不难理解，具备能力是高潜力人才和符合将来继任职位的必要条件。绩效表现和能力高度相关，可以说绩效的结果是能力的体现。

- **敬业度（Engagement）**

这里所说的敬业度是员工个体认可企业的价值观和文化，为企业付出的意愿。整个企业的员工敬业度调查，是通过一系列的问卷调查后的分数结果。员工的个人敬业度评估则由上级完成，并且是专指对本企业的敬业，而不是泛指一个人的普通职业操守。如果某员工对本企业的文化和价值观欠缺认可，没有将自己的职业生涯的定位和本企业充分锚定，那么这个员工纵有再强的能力也不会在本企业发挥和付出，因而该员工不会被定义为高潜力人才，这就是为什么需要将个人的敬业度作为衡量潜力的指标。

- **抱负（Ambition）**

指的是员工个人志向和理想的高度，也可说是员工的上进心程度。在日常生活中体现在员工努力学习的意愿、工作的态度和行为的积极性方面，表现为为理想和目标努力前行的特点。今天的能力不等于未来的能力，而如果一个员工拥有抱负和理想，就有前进和学习的动力，能力将会不断提高。抱负是能力变现和达到更高任职资格的充分条件。

对一个员工进行这三个特质评价，可以界定该员工的潜力水平：能力是进步、学习、发展的基础条件；敬业意味着对本企业价值观的认可，是愿意为企业付出；抱负是个人提高和发展、实现职业生涯目标的动力。在这三方面同时突出的员工将成为企业可培养的高潜者，可成为将来继任计划的候选人，是值得企业投入资源去培育的人才。

对员工的这三个特质进行评估，有三种方法：

### ● 上级评定

上级通过对下属在能力、敬业度、抱负三方面的评价打分，得出员工的高、中、低潜力。这种方法简单快捷，给予上级充分信任。某些企业规模不大但重视效率和结果，可以使用这种方法。虽然相对而言欠缺客观评价，但在提倡主管对下属高度负责的企业，这样做是可行的。

### ● 360 度评估

评估者是被评估人的下属、同事、直接上级、间接上级等，可以通过本企业的 IT 工程师设计的 360 度评估软件（小程序）完成；也可以利用网上调查软件，如国内的问卷星，或国外的 SurveyMonkey 等。所需费用不高（也有简易的免费版本）。这种评估适用范围较广，基本上所有企业都可以应用，在追求流程效率和客观意见之间获得平衡。

### ● 人才测评

如果是大企业或具备实力条件，适合做人才测评的，可以由测评专业程度较高的专门项目管理或专业的咨询公司来完成这个评估。这种方法费用较高，过程长且复杂，对于某些正在使用咨询服务的大型企业来说，需要用这种手段来保持管理体系的一致性。

这三种方法中，人才测评耗时费力，不建议一般企业采用；而上级直接评定，稍为粗放且欠缺客观信息，规模不大、管理直接简单的企业可以采用；相对而言，第二种方法——360 度评估为大部分企业的优选。

在评估标准和尺度方面，有的企业将晋升所需的时间作为评价，如：

- 高潜力：马上可以晋升
- 中潜力：1～2 年内可以晋升
- 低潜力：2 年后才可以晋升

这种判断方法，即便是评估者考虑了能力、敬业、抱负三要素后得出的，也存在表达上过于粗犷，没能足够揭示潜力的信息。如果出现同一个人连续几年的人才盘点都是"1 年内可以晋升"，人才盘点的效果会大打折扣。这种方式更多的是得到潜力高、中、低的结果，而不应是评估尺度。

本书推荐的评估标准和尺度是相对比较直观且可以明确定义的，企业可以自行做具体的定义（见表 4-3）：

表 4-3 潜力评估的标准和尺度

| 评估项 | 评估内容 | 得分：3—高，2—中，1—低 |
|---|---|---|
| 抱负 | 在日常学习、专研、想法和抱负、积极向上等方面 | |
| 敬业 | 在热爱公司、认同公司文化、工作承诺、工作执行力等方面 | |
| 能力 | 在胜任本职或跨岗位工作能力等方面 | |

潜力评价的等级要应用于九宫格，所以和绩效一样分三种级别：高潜力、中（等）潜力、低潜力，相对应于上表中的得分（3、2、1）。这三种潜力等级，和绩效水平的三种等级一样，员工在这三个等级分配的结果，应该分别为 10%～15%、70%～80%、1%～5%。如果评估出来的等级分布比例不符合这个规律，需要在校正会议上进行讨论修改，直至得到合理的分布比例。潜力和绩效结合起来，在九宫格里进行交叉结合，得出员工所处的单元格。

必须要指出，潜力是在特定企业里人才的指称，是在企业自己的范围内定义。如果某些员工的某些特性不符合与企业共同成长的要求，是不纳入高潜力范畴的，比如，即将退休、不能接受区域调动、离职风险很大的员工，企业应将其排除在高潜力人才的范围之外，下面在第六节有论述。

## 五、人才九宫格

只要提起人才盘点，人们马上会想起九宫格，有人称之为人才地图。为了不和招聘职能的人才地图（即招聘目标人才的地理分布）造成理解混淆，本书使用人才九宫格这个名称。

九宫格是纵横坐标二象限图，将两个不同的因素结合起来进行衡量，是直观的判断工具，方便展示和决策。它被较多地应用在某种业务的战略分析方法上，著名的如波士顿矩阵，GE 业务矩阵等，在企业管理中的其他领域应用也比较常见。

人才九宫格是人才盘点的核心工具。尽管有企业对人才九宫格做出不同的变形，原理和结果都殊途同归。参见网上搜索出来的几个著名企业人才九宫格图（见图 4-3、图 4-4、图 4-5、图 4-6）[1]：

---

[1] 摘自 https://www.sohu.com/a/275987702-100011383：年底了，"人才盘点"究竟怎么盘？一文讲透操作步骤，来源：HRunion，整编自：薇薇语言。

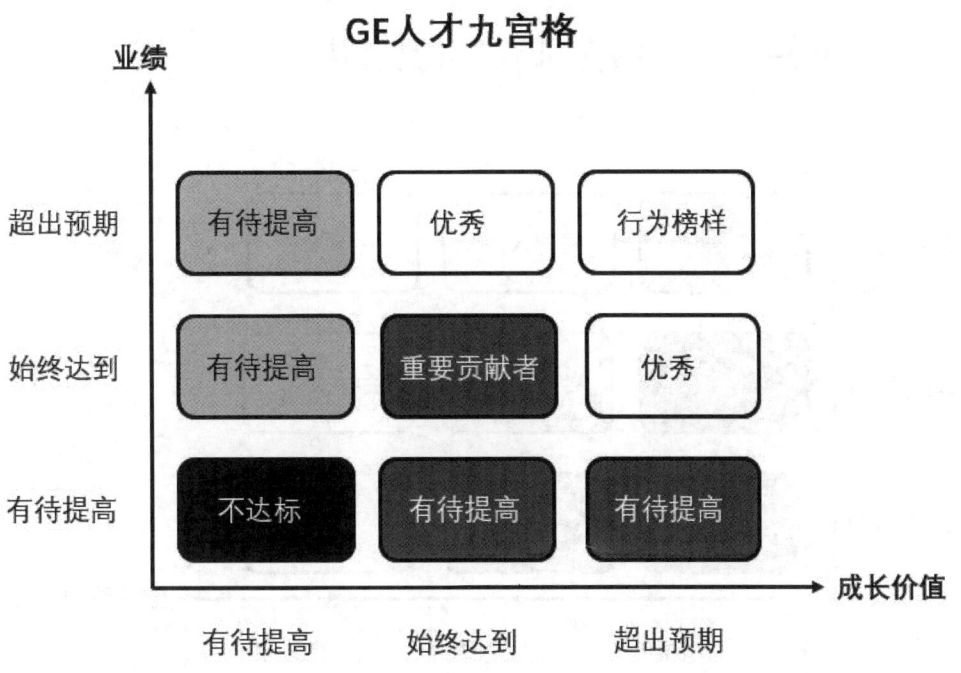

图 4-3 GE 的人才九宫格

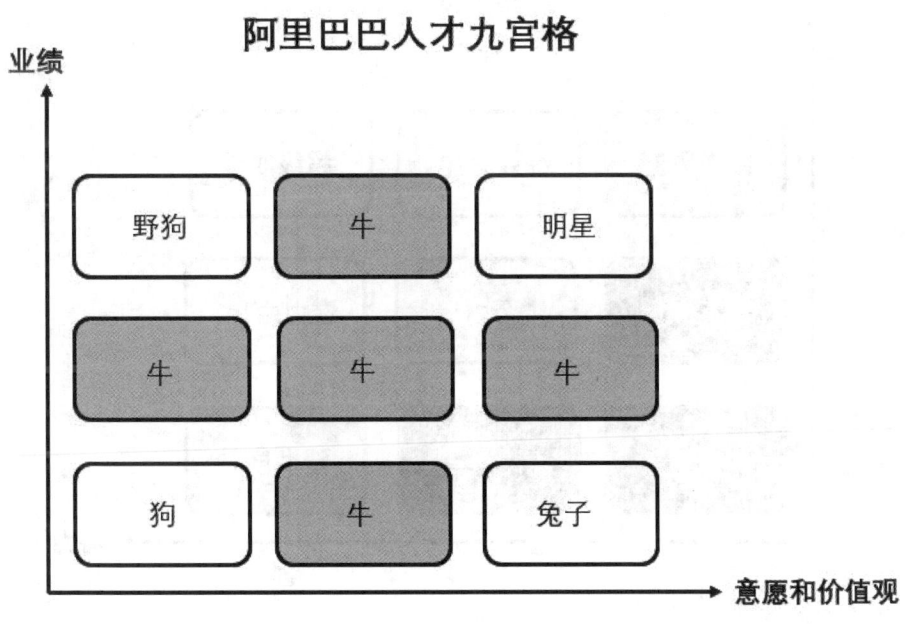

图 4-4 阿里巴巴的人才九宫格

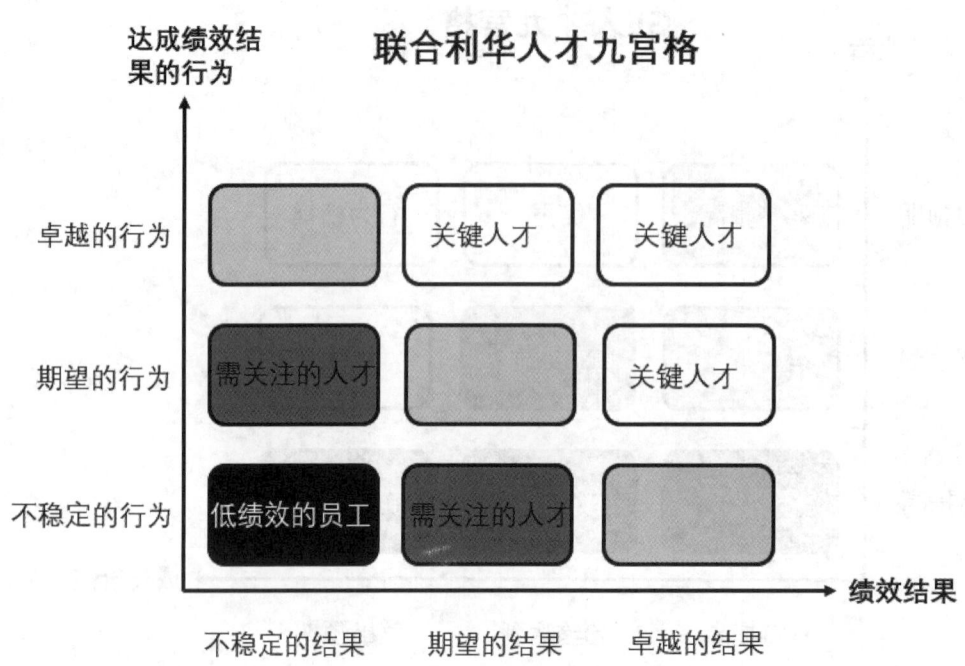

图 4-5 联合利华的人才九宫格

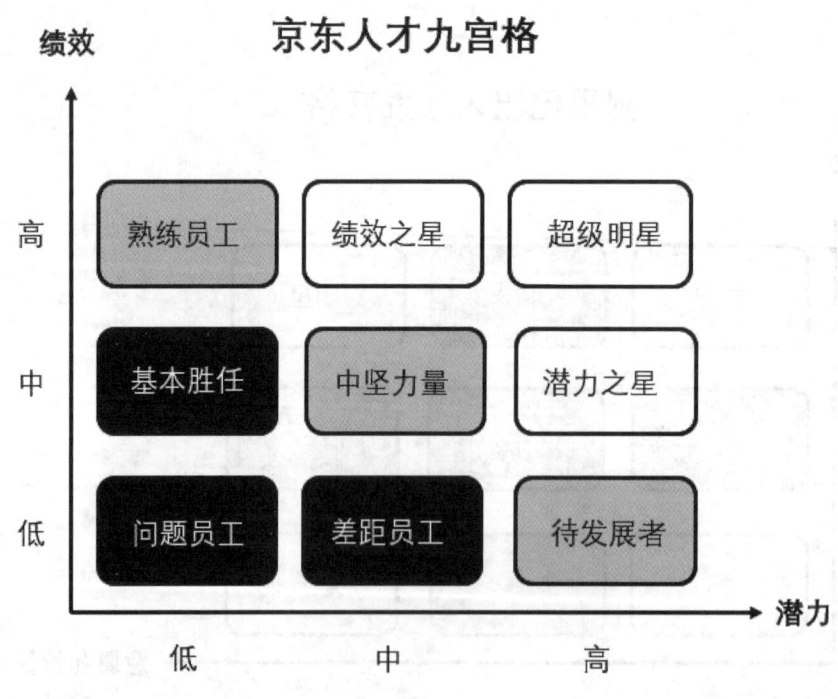

图 4-6 京东的人才九宫格

这些著名企业的横坐标采用不同的维度，不一定是潜力。而纵坐标的维度都是绩效（业绩和绩效稍有不同，业绩更多指的是量化的工作成果，而绩效还包括行为和态度的定性评价）。

本书建议的人才九宫格模板，是绝大多数国内外企业使用的绩效——潜力版式，即纵横坐标分别为绩效和潜力（见图4-8）：

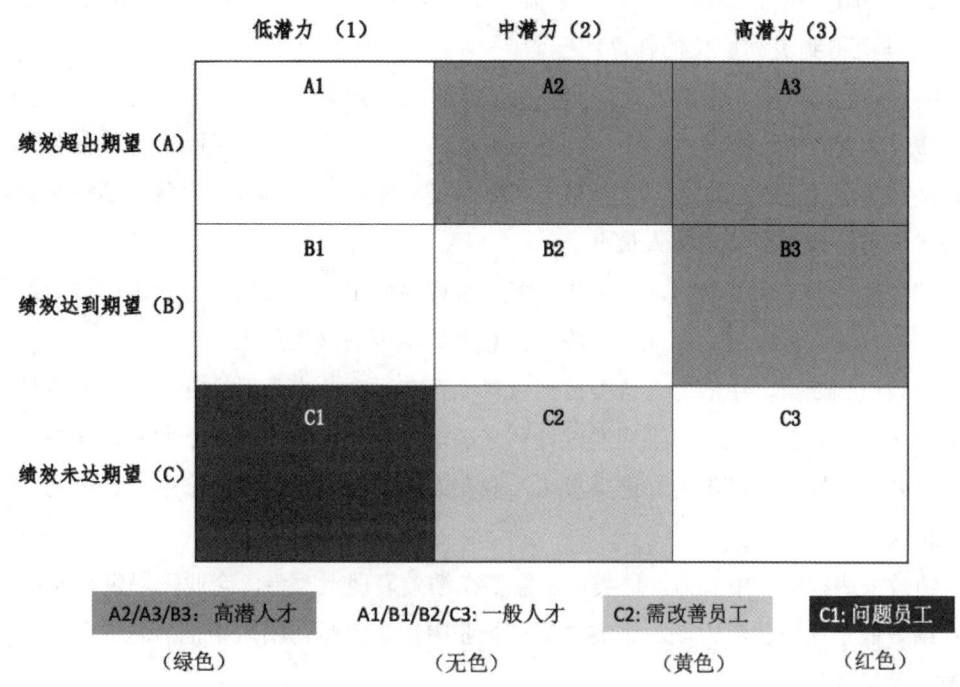

图4-7 人才九宫格模板

人才九宫格中每个单元格在业界有好几种命名方法：

● 用单元格所属的纵横坐标文字组合来表示，比如：高绩效—中潜力；中绩效—中潜力等，这种方法文字较多，在沟通时的效率不高，比较少的企业使用；

● 用数字1～9（或数字带+-号）表示，这个方法简单而直接。但数字本身没有指示单元格的含义，沟通起来在理解效率上有欠缺。

● 和上图几个著名企业的九宫格一样，将每个单元格定义为各种带有寓意的名称，方便直观理解各个九宫格中的人才（如：超级明星）。这种做法的优点是方便理解，是比较常见的方法。但也有不好之处：在口头交流、文件流转、邮件收发时，会产生信息负荷；特别是会给员工标签化的负面影响。日常书面的管理沟通中应该尽量使用中性词语，以免产生误会或负面效果。比如，今年盘点某员工被定义为"问题员工"，也许明年会纠正；"超级明星"人才到明年未必能保持这个称号，并可能造成当事人的信号光环效应。

本书建议以字母和数字组合，参加人才盘点的人从字母和数字组合判断人才的类别。如果长期保持这种命名方式，可达到有效沟通，在避免对人的标签化的同时，也可以在一定程度上对保密有所帮助。

在结构上，Y轴（纵轴）为绩效表现，分别用A、B、C代表绩效超出期望、绩效达到期望、绩效未达期望，和管理界将员工划分A、B、C类员工（这种分类首创于通用电气）相一致。X轴（横轴）为潜力，分别用1、2、3代表低潜力、中潜力、高潜力。九个单元格就有字母和数字的组合名称：

- A3：绩效超出期望、高潜力。这一类员工在一个企业里应该是极少的，可以说是企业的顶尖人才，可考虑马上得到更高职位的任命；
- A2：绩效高超出期望、中潜力。这一类员工需要挖掘其潜力，持续保持高绩效水平；
- B3：绩效达到期望、高潜力。这一类员工需要进一步提高绩效，保持其高潜力水平；
- A1：绩效超出期望、低潜力。这类员工常见的是将本职工作做得很出色，却不愿意再发展，常见专家或技术人员，或是即将退休人员；
- B1：绩效达到期望、低潜力。这类员工多从事程序性工作，如果处于管理岗位则是中规中矩，没有意愿或能力再进一步发展。企业中一般都会有为数不少的这类员工；
- B2：绩效达到期望、中潜力。这类员工较多地存在于企业中，对企业有扎实的贡献；此外，在岗任职时间少于六个月的员工，暂不应通过评估来确定其绩效和潜力，置于此单元格中。
- C3：绩效未达期望、高潜力。这类员工一般在人才辨识结果中极少产生，如有的话，可能是因为某些特殊情况；
- C2：绩效未达期望、中潜力。这类员工需要在绩效表现上改善，企业需提供帮助；
- C1：绩效低于期望、潜力低。这类员工在企业中较少，是在团队中拖后腿的角色，属于问题员工，需要重点关注和纠正。

业界所有的资料，都将处在A3、A2、B3（即右上顶角及其左、下格）这三个单元格里的员工，定义为重点培养的人才，均称为高潜人才。本书也主张这个做法。

读者可能会发现，A2并不是高潜力，B3也不是高绩效，为何仍是企业重点关注的人才？这是因为现实中属于A3的顶尖人才比较少，企业投入的培育资源在一般情形下都可以支持更多的人才发展对象，故此将A2和B3的员工也视同为重点发展人才。换一种表达方式：人才九宫格中的重点关注人才，位于绩效和潜力至少是中等评估且这两者中有一个是最高评估的单元格中。

业界常称的高潜人才中的"高潜"，英文语境中则为的"Hi-Po"，如果从字面上看，仅是高潜力的意思（高绩效的英文缩写是"Hi-Per"），但几乎在所有的场合和语境下，"高潜人才"都有绩效良好的含义，或许是因为高潜人才实际上也必须是绩效优秀的。不管如何，我们在日常沟通中约定俗成，默认"高潜"（Hi-Po）是高潜力且高绩效。本书为了方便理解，和业界流行称谓保持一致，将位于A3、A2、B3单元格的员工，统称为高潜人才。

对位于A1、B1、B2、C3单元格的员工（其中C3比较罕见），人数占较大比例，一般认为是表现中等员工；

对位于C2单元格的员工，主要的关注在绩效改良上。

位于 C1 单元格的员工，是绩效和潜力都低的员工，需要重视且列入人才盘点的行动计划里。为了阐述方便，本书用"问题员工"命名该单元格的员工，但建议企业日常使用 C1 代号来沟通，会更妥当。不建议使用"不合格员工""低绩效员工"等过于负面的标签，避免对员工直接标签化，保留对员工的尊重和积极纠正的工作方法。找出问题员工，原则上本是绩效管理职能中的任务，在人才盘点中利用另外一种工具辨识出来，属于辨识人才的"副业"，是绩效管理的另一个支持证据（可以作为文件存档）。这样做可以说是支持绩效管理的工作。如果在纠正措施执行后员工仍不能改善，最后才采用终止劳动合同的方式来处置，这样就是通过"劣汰"来提高企业员工的整体素质。

在人才盘点会议 PPT 中，人才九宫格的单元格颜色，参照社会上和企业管理中的通用做法，分配如下：

- 绿色（高潜人才）：A3、A2、B3
- 无色（中坚人才）：A1、B1、B2
- 无色（特殊情况）：C3
- 黄色（绩效需改善）：C2
- 红色（问题员工）：C1

以上九宫格分类的人数比例，如果样本量不是太少（20 个以下），在盘点单位中占比需和正态分布接近。一般的比例（见表 4-4）：

表 4-4 人才九宫格的人数合理占比

| 九宫格位置 | 人才占比 |
| --- | --- |
| A3、A2、B3 | 10%～15% |
| A1、B1、B2、C3 | 75%～85% |
| C1、C2 | 5%～10% |

如果在某部门或盘点单元单位的人才分布比例不合理的话，需要在人才盘点会议中校正，也可以在业务提交资料时，人力资源部予以初审校正。如果到了下一级的盘点，所讨论的范围的人才比例不合理的话，也需要校正。因此，人才盘点资料中还需要提供人才九宫格图的分布数量和比例。这样可以直观地看出整个组织的员工状况，为纠正不合理的分布比例，提供依据（见图 4-8）：

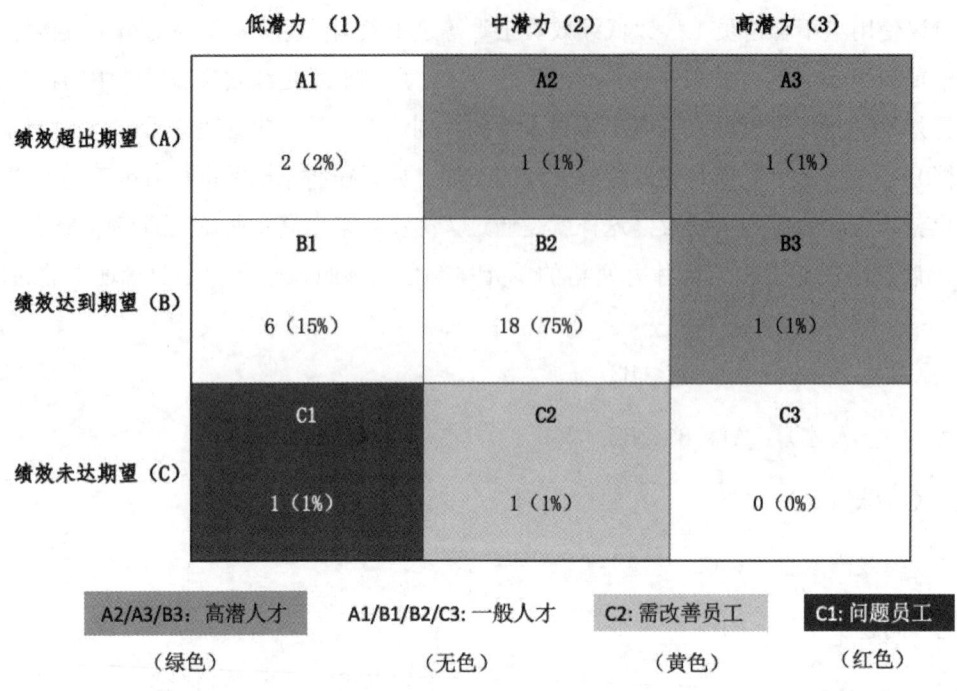

图 4-8 人才九宫格人数和占比的模板

# 六、人才简历

人才盘点会议上需要讨论和校正每一个重要职位人才，因而会议资料 PPT 需用统一格式来反映人才的背景。一般来说，用一个页面来显示人才的个人基本信息。

这个页面被称为人才简历，由四大方块组成（故也称人才四方格）（见图 4-9）：

● 个人资料：

姓名、人才九宫格单元代号、人头照、职位、上司姓名、入职时间、现职时间、近三年绩效

● 能力基本状况：

主要能力强项、需改善的能力项

- 教育／经验：

  教育经历、近年职业经历

- 语言／资格职称：

  外语能力和职业资格。

- 职涯属性：

  可能下一职位任、离职风险、业务影响、可调动意愿（含指定区域）。

| | 姓名/人才九宫格代号 | | 能力强项 | |
|---|---|---|---|---|
| 相片（人头正装） | 现职位 | | 1.2.3.4.5. | |
| | 上司姓名 | | | |
| | 入职年月 | | 能力弱项 | |
| | 现职累计年月 | | 1.2.3. | |
| | 近三年绩效 | | | |
| 毕业院校/专业/学位 | | | 可能下一职位 | |
| 毕业院校/专业/学位 | | | 1.2.3. | |
| 前一（公司）职位 | | | | |
| 前二（公司）职位 | | | 离职风险（高/中/低） | |
| 前三（公司）职位 | | | 业务影响（高/中/低） | |
| 语言/资格职称 | | | 可调动意愿（地点/分公司/事业部） | |

图 4-9 人才简历模板

企业可根据本企业的特点修改人才简历，业界也有其他范式（见图4-10）[①]：

图4-10 人才简历参考范式

为了提高盘点会议的效率，要在会议PPT上展示人才简历的，是重要、关键职位人员，以及被定义为高潜力的人才，无须展示所有被盘点员工。具体是：在盘点会议上汇报人的直接汇报者、继任候选人及其他高潜力者。

在人才的简历中有几个重要信息：离职风险、业务影响、可调动意愿，会对企业的经营产生一定影响，因而左右着高潜和继任的决策。

---

[①] 摘自百度文库：《人才盘点最佳实践——人才盘点的流程与方法》（2014），作者：北森人才研究院

- **离职风险**

因为人才离职会对企业的继任计划和相应的发展措施产生影响，故人才的离职风险评估是必须的。如果某位在职人才离职风险比较高，对该职位的继任计划的考量会有所不同。同理，某人可能被定义为高潜人才，如果离职风险较高，那么可能需要采取更多的策略，比如提高薪酬、晋升、专项人才发展措施，或考虑招聘储备干部作为替代方案。

在国内，员工的离职原因基本上有两个：一是家庭因素，在配偶分居或同住、子女读书地点、自有住房远近、婚恋对象地点等方面；二是职业因素：在职业生涯、薪酬水平、专业的稀缺程度、人际关系、绩效结果、价值观等方面；因此可以从这些方面对员工进行评估。因为上司对下属比较了解，此离职风险的评价通常是由上级来判断。人力资源部在离职风险判断上是专业的，所以人力资源部在盘点会议上也给出补充意见，这是在人才盘点会上的讨论点之一。

当一个员工可能被评为高潜力人才时，又发现其离职风险高的话，分两种情况来定义是否将其确定为高潜力者或继任计划人选：一种是风险可控并有相应措施应对（比如特别加薪、调动等）的，则仍放在高潜力单元格中；另一种是难以控制的离职风险（如很可能离职和外地家人团聚），那么应该从高潜力者和继任计划候选人名单中剔除。

- **业务影响**

业务影响，也称职位的重要性。在企业中不同职能的重要性是不同的，某一个或几个职位或人员相对其他职位对企业的经营业务更为重要，是在经营过程中某些客观原因或由于任职者的个体原因导致的，在企业中属常见的现象。如果对业务影响很大的话，应在人才继任、培养发展方面采取更加主动积极的解决方案。

这个维度的评估可直接由上级判断，或者通过360度评估完成。通过假设在职员工离职，填补该职位（由内提拔或对外招聘）对企业的整体业务影响的大小来评估。

- **可调动意愿**

由于科技和信息技术的高度发达，现在的企业跨区域或多国经营已不算少见，在多地设立分支机构的企业越来越多。企业的人才在不同部门或区域间流动任职，无论是基于轮调政策安排，还是业务的需要，都是提高人才能力和经验积累很好的手段，是人才成长的重要路径。

员工是否可以接受调动，是企业人才培养的重点考虑因素。在判断方法上，有时仅通过员工意愿的问答是难以确保的，采用中国特色的一些考量因子进行评估，可以将判断错误的风险降低。在国内，员工的工作地点受到中国特色的户口政策的影响，主要体现在社保、子女教育、购房资格等方面。

很多的情况下，如果一个员工不愿接受调动，或因客观原因调动较困难，那么企业不应该将该员工放入高潜人才库（或单元格）中。高潜的要件之一，是可接受调动。可调动意愿这个属性，应该在员工个人简历中反映，以便在盘点会议上讨论。

人才简历内容填完之后，通用模型的第一环节所需的资料完成了，包含的信息有：高潜人才、员工在人才九宫格的分布状况、问题员工、重要人才的离职风险、业务影响、可调动意愿等，这些都是进行下一步继任计划讨论的基础。

# 第五章

## 制订继任计划

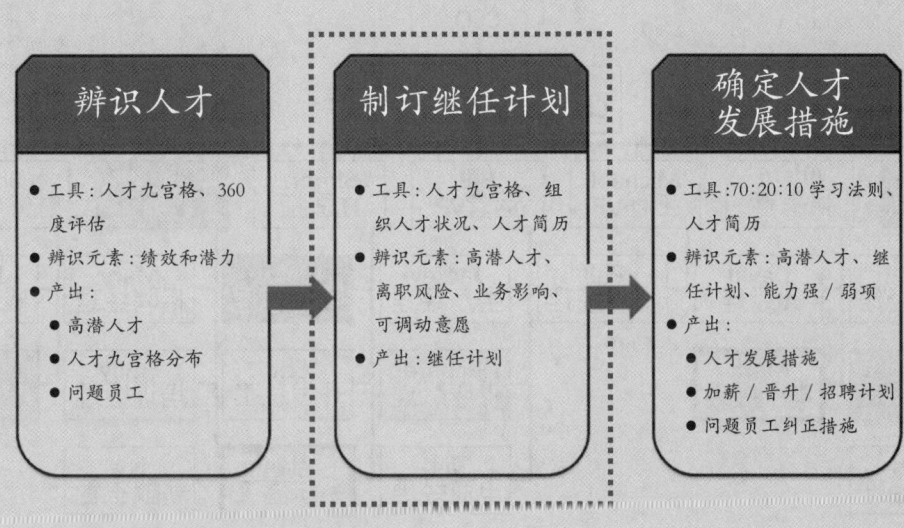

　　人才盘点通用模型的第二个环节是在人才辨识结果的基础上，针对重要和关键职位（主要是管理职位），通过分析和讨论组织人才状况、人才的绩效和潜力、离职风险、业务影响、可调动意愿等，制订企业的继任计划。

# 一、组织人才状况

在开始制订继任计划之前,要有组织结构和人才的整体视角。首先是组织人才结构图,是以组织结构为基础,将各个职位上的人才在图上以颜色或代码标示属性,比如:绩效、潜力、业务影响、离职风险、问题员工等,有人称之为组织背景墙。它全面反映组织人才的高潜、绩效等因素,就像人体透视图一样,一目了然看出人才的全景。

下图是组织人才结构图,每个员工的方框,以不同的颜色代表不同的状况(见图5-1):

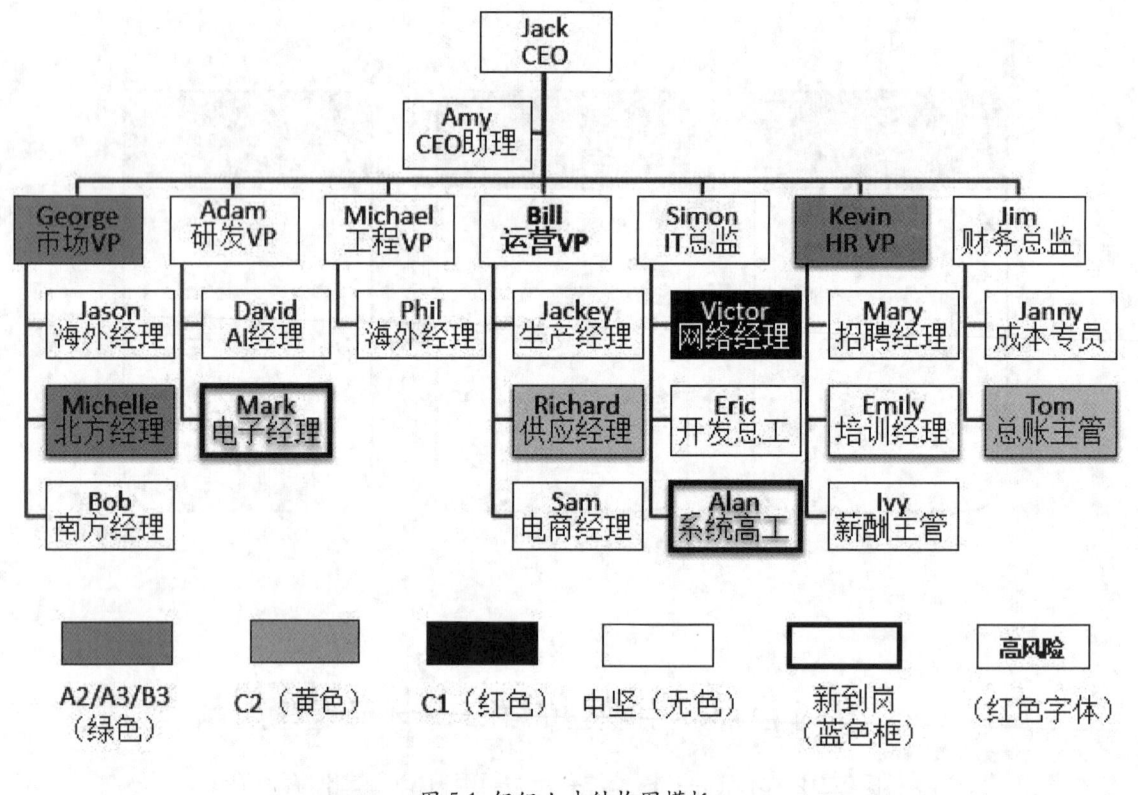

图 5-1 组织人才结构图模板

一个页面标识信息过多的话,会导致阅读和思考资料反应迟缓,达不到一目了然的效果。本书建议标识和颜色最多五种:

- 绿色:高潜人才(A3/A2/B3)

- 红色:问题员工(C1)

- 黄色:绩效需改善员工(C2)

- 蓝色框:到岗时间少于六个月的员工

- 红色名字:离职高风险员工

除此之外员工的其他属性，在员工人才简历中表达。如果是在人力管理应用软件实施人才盘点的话，每个员工的资料页面，都会有这些人才属性的标识。

除了组织人才结构图，人才盘点中需要反映某些组织相关的关键指标，作为人才问题讨论的基础资料。比如用来判断人才领导力效果的员工士气的敬业度、员工流动状况的数据等。企业可以根据自己的特点选择指标。一般而言，多数会涉及这几个方面：员工敬业度、离职率、缺勤率、招聘率、继任率、高潜人才比例等，均为企业人才竞争力相关的指标。本书把这些指标和组织人才结构图，统称为组织人才状况。它们都以图示的方式，在人才盘点会议的PPT上展示，作为继任计划和人才发展措施的讨论背景资料。

以下是对各种人才指标的简要介绍：

● **员工敬业度**

员工敬业度（有的企业也称其为满意度调查）研究源于著名的美国盖洛普咨询公司，它的调查分数是近年来国内企业重视的一个指标。敬业度调查的具体做法是，根据与敬业度相关的各种维度，设计好专业调查问卷，用匿名的方式向员工发出调查。回收后进行统计分析，得出各个维度的分值，与常模值（行业或地域），或本企业的目标值进行比较，从而评价员工对本企业的敬业程度（如怡安翰威特的报告，2017年全球企业敬业度平均65%）。

员工敬业对企业有着重要的影响。员工敬业度高，意味着对企业高度认可，发自内心地认同和恪守企业的价值观和社会观，认同企业为实现其价值观所设定的目标、流程和管理方式，并愿意主动、全身心地在这个过程中发挥自己的最大价值。因此，敬业度可以体现这个企业的人才管理结果。企业中的某个部门、分公司/子公司或事业部的员工敬业度，可以作为该团队领导者管理能力的评价，是辨识潜力、继任候选人的参考指标。

对目前有些没有展开敬业度调查的企业，可以参考较为便利的Q12调查问卷，通过调查应用软件快速完成。本书的第九章提供了样本。

● **离职率**

毫无疑问，离职率是人力资源管理中最常见的考核指标，可以评价一个企业的组织效率、劳资关系、员工的凝聚力、工作满意度等的表现。按国际企业比较通行的计算方式，一个时期离职率的计算公式是：

$$离职率 = \frac{当期离职人数}{（期初人数+期末人数）/2} \times 100\%$$

合适的离职率取决于行业或地域等因素,不能一概而论某个数字是最好的。比如对于每月离职率,制造业工人的高于10%,属于正常;IT/高科技企业高于20%也不足为奇;很多稳定行业企业的离职率要求定在5%,等等。企业可以根据自己的行业、地域和特点制定离职率目标。

人才盘点使用员工离职率数据,可作为员工稳定性和忠诚度的参考,从侧面反映组织的人才健康状况,也反映评价盘点单位的领导在员工管理方面的水平。

- **缺勤率**

和离职率一样,是人力资源管理中常见的指标,它在一定程度上反映了员工对企业的投入程度,可作为员工工作士气高低的参考。缺勤率也可以用出勤率代替,但从字面上看用缺勤率能给人需要改善的指示,和离职率有相似的寓意。缺勤率的公式一般是:

$$缺勤率 = \frac{当期缺勤总小时数}{当期应出勤总小时数} \times 100\%$$

(注:可以将产假、年假排除在缺勤之外)

当期以年度为标准较为合适。一般而言,企业的人力资源部都能提供各个盘点单位和部门的缺勤数据,可以用来参考评价盘点单位负责人领导和管理团队的效果。

- **招聘率**

这个指标是专门为人才盘点所用的,指的是通过对外招聘填补职位空缺的百分比,计算公式是:

$$招聘率 = \frac{当期通过外部招聘填补的空缺职位总数}{当期空缺职位总数} \times 100\%$$

这个数字越低越好,意味着更多的职位是通过内部提升或调动填补的,反映了人才盘点的效果,即高潜力人才的培养和继任计划的实际效果。可以通过该数字历年的变化趋势,来反映人才盘点的逐年绩效。

- **继任率**

这也是人才盘点专用的评价指标,和招聘率相对应,计算公式是:

$$继任率 = \frac{当期通过晋升或调动填补空缺的职位数}{当期空缺职位总数} \times 100\%$$

这个数字越高越好,历年来的数字趋势可以代表人才盘点的效果。

● 高潜人才比率

这个指标体现了企业里人才的板凳深度,对继任计划有重要意义。有的企业的人才盘点会有人才库的设置,即高潜人才的群体。它的公式是:

$$高潜人才比率 = \frac{高潜人才人数}{职员总人数} \times 100\%$$

这里的职员总人数即人才盘点对象的总人数,企业可以调整范围。这个指标的计算方法也可以根据人才九宫格上的位置来定义,不一定是上述文字表述所代表的人才。

上述指标是范例。企业可根据需要微调或增加必要的其他指标。比如招聘到位时间(反映员工离职后通过对外招聘填补所需要的天数),继任人选比率(管理职位有继任人的比例),等等。

这些指标需要和常模进行比较,在 PPT 上以图表的方式显示。这里所说的常模是行业或地区的标准数(或平均值)。如果无法获得常模数据,可以在内部制订合理的目标。以下是和常模对比的组织人才指标范例(见图 5-2、图 5-3):

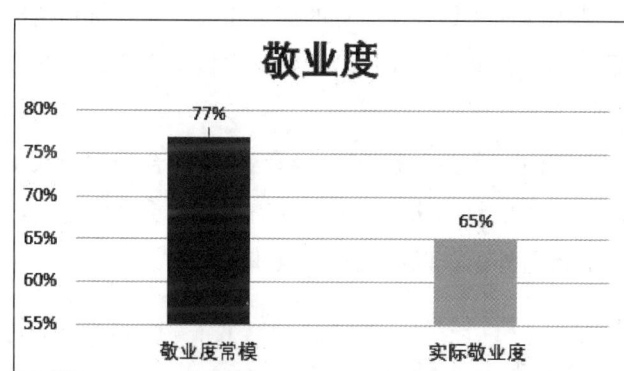
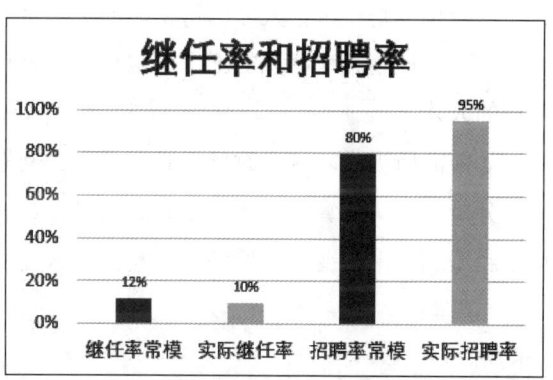
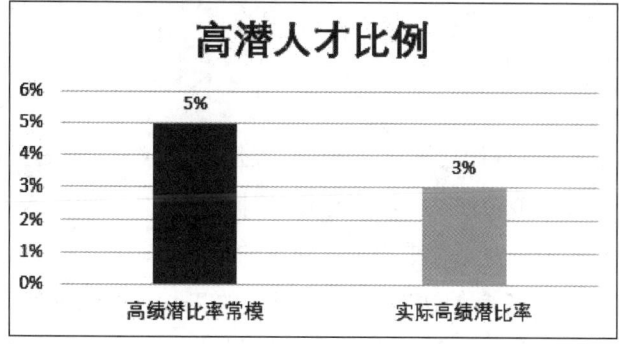
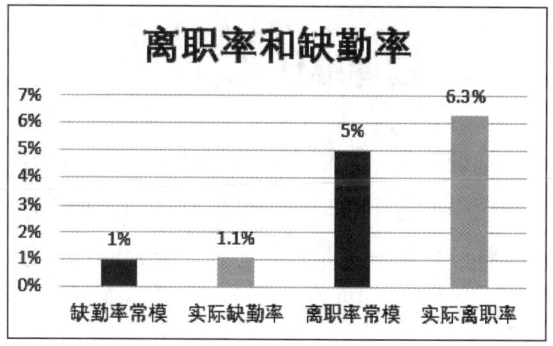

图 5-2 组织人才指标模板

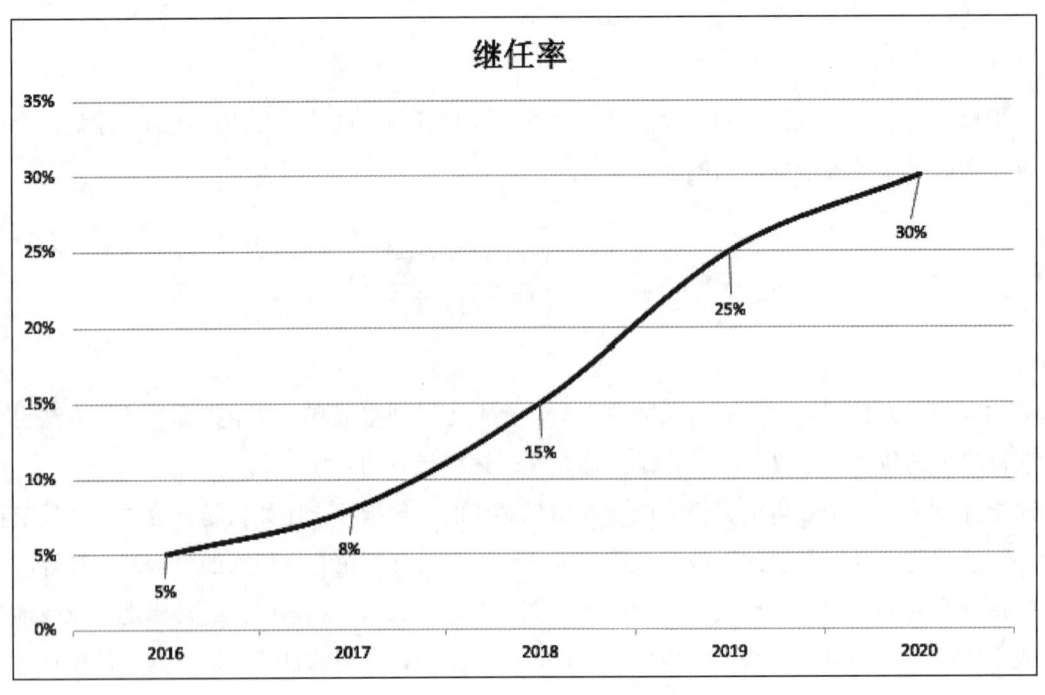

图 5-3 继任率指标模板

这些指标是在讨论人才的辨识时的基础资料。其中继任率是人才盘点的衡量指标。需要特别指出的是，不建议为人才盘点的工作设定目标，避免导致为了改善数据而拔苗助长，提拔不合适、不符合资格的人才。

如前面所提及，这个时候不必对组织的问题过多关注。有关业务战略、组织结构的合理性、人工成本分析、人头预算等问题，不必深入讨论。有的企业如果因特殊行业和情况需要展示更多内容的，可适当增加，但需要保持原则，不宜扩大人才盘点的覆盖外延，以免失去重点和针对性。

## 二、选择继任者

继任计划，又称接班人计划（台湾企业的叫法）或接替计划等，是通过对继任者判定因素的考量，对组织中的各个管理岗位做出继任的计划安排。如果一个企业从来不考虑继任计划的工作，组织人才的可持续发展一定是有隐患的。有否继任计划，是一个企业是否重视人才建设的标志。

顾名思义，继任计划是一个计划方案，并非晋升任命的决策。美国著名的 Talent Review 专家 Doris Dim 对继任者的定义，是"具备晋升面试的资格"。真正在继任晋升的时候，还需要经过任职资格评估流程，这个流程不在人才盘点任务中，是由人力资源管理的晋升管理职责负责。被列入继任计划的人选，如果到需要晋升的时候任职资格和胜任能力仍未达标，不会获得晋升。

继任者是由人才的主管上级，通过以下几个因素综合考量选定的：

### ● 人才的潜力

即员工在人才九宫格中的单元格位置。因为高潜人才所具备的能力、抱负、敬业度，大部分指向符合下一职位的任职资格，所以候选人基本是高潜人才（人才九宫格中的 A3、A2、B3）。

### ● 人才的胜任资格能力

是否符合所继任的职位的能力要求，是确定继任候选人的主要考虑因素，除了高潜人才外，如果具备了上一级职位的任职能力和资格，也可以成为继任候选人。换句话说，绩效达到预期、中等潜力的员工（人才九宫格中的 B2），也有可能成为继任人选。这里的任职能力和资格，主要来源于上级主管的判断，例如人才简历中对能力强项的表述，一定程度上代表了继任职位所需的能力资格。如果企业有胜任能力模型或任职资格体系，可以作为借鉴。但要特别强调的是，上级主管的判断比格式化的文件更能高效实现继任候选人的选定。

### ● 人才的重要属性

即人才简历中的离职风险、可调动意愿等。一般而言，离职风险高而无妥善的解决方案，或不接受调动的，不会考虑作为继任候选人。

## 三、继任准备度

除了选定继任候选人，还需要确认候选人的准备度。准备度是候选人可以继任的预期时间。如果准备度是"现时"，意味着这位继任候选人此时此刻可以考虑提拔继任，如果准备度是 1 年或 2 年，代表着该人选在未来 1 年或 2 年，经过专门人才发展项目培育后，或通过自己的努力成长，可能达到继任岗位的资格和能力要求。

能够获得"现时"准备度的，必须是高绩效且高潜力的人才（即 A3）；其他 A2、B3 单元格的人才是介于 1 到 2 年；绩效达到预期且潜力中等的人才（即 B2 单元格），准备度为"2 年"。有的企业有大于 2 年的准备度，本书认为大于 2 年的准备度，企业难以管控，故不建议。

制订继任计划的过程是：每一级盘点单位的部门责任主管，在盘点会议前提交部门的继任计划，即以组织结构为基础的继任计划图，在人才盘点会议上通过管理团队讨论、校正，确定本单位的继任计划后，作为下一级人才盘点的继任计划方案，每一级的继任计划，仅对本级的范围进行讨论和校正，一直到终盘最后确定。

本书主张的这种继任计划中的候选人选定方式，并不排斥某些企业会利用人才测评的结果来辅佐决策。有人才测评的结果做参照固然好，但是如前所述，因为效度、信度的问题以及较高的费用，不是所有的企业都有条件实施。下属的职业生涯、对工作能力的判断、组织人才可持续发展是主管上级的日常责任之一。对于大部分企业而言，继任人选在考虑绩效和潜力、工作能力的强弱项、离职风险、可调动意愿等的条件下，由上级主管提出，并经过团队讨论和决定继任候选人的做法，可以在一定程度上纠正主观偏差，最终效果较佳。

## 四、继任计划图

继任计划的展示方式，一般的做法是基于组织结构图，在现任职位的方格下，放置继任人选。

继任计划图上要以颜色和标识代号代表人才在九宫格里的位置和重要属性。用绿色代表高潜人才（人才九宫格中的A3/B3/A2）；用红色名字代表离职高风险；剩余的是透明色（白色）。显然，在人才九宫格中的黄色、红色单元格的员工都不应该是继任候选人。另外在名字下标识继任的准备度，即现时、1年、2年，1～2年。这样可以让阅读者和盘点会议与会者清晰继任人的潜力、绩效和准备度。如果没有继任人选的，需要在继任空格内填入红色字体的"空缺"二字，以做警示。以下是继任计划样式（图5-4）：

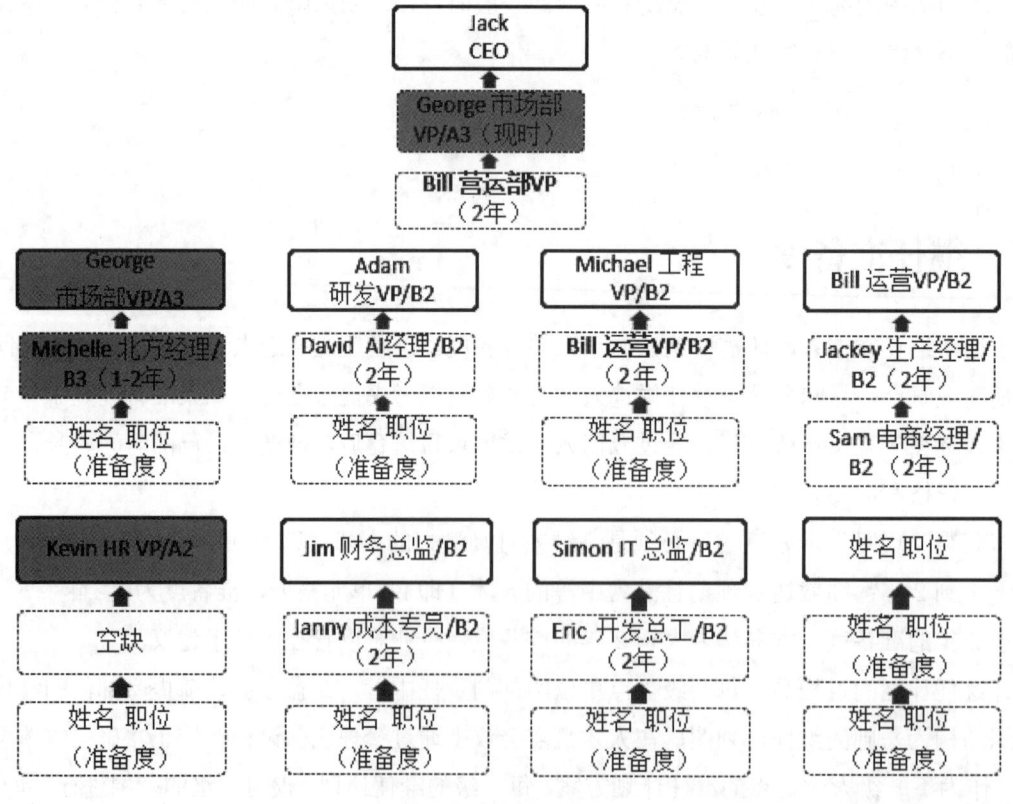

图5-4 继任计划图模板

由于每年业务和经营的变化,或者人员流动(调动、离职等)导致每年的继任计划人选会发生改变。因而每年的人才盘点会有不同的继任计划。需要再强调的是,在实际的晋升流程启动时,还需要对候选人的任职资格做全面的评估。

从事过企业人才盘点的人士也许会有这样的经验:某继任候选人在连续几年的人才盘点中的继任准备度都是一样的(例如都是1年),这是有可能出现的情况。这位候选人或许在连续几年的个人发展中,进步不大。也有可能是该职位的任职资格要求发生了变化,相对而言候选人的能力还没有跟上。这需要在每年的盘点中审视、调整人才发展措施,加强力度。

## 五、板凳深度

人才发展中有板凳深度(Bench Strength,又译"后备实力")的说法,是用竞技球队的替补队员的实力和人数,来形容企业的继任人才状况。如果一支球队各个主力位置上的板凳(后补)队员都是优秀的球员,当主力队员因为伤病、禁赛、状态不如人意而不能上场时,球队可派遣技术不俗的替补球员出场保持球队实力,去争取比赛的期望结果。事实证明,在体育比赛中实力强劲的队伍,板凳深度都配置较好,甚至有些板凳队员也是大牌球星。

以足球为例,世界上和中国的知名足球俱乐部,每个赛季结束之后都对自己的球队进行调整补强,花大价钱签约新的主力球星,也购买配备一些不同位置的替补队员,增加板凳深度。著名的西班牙巴塞罗那足球队,有些板凳队员是世界级的球员;又如中国的恒大淘宝足球队,板凳队员中不乏国家队成员。而且,俱乐部都有自己的青训体系,配备着大量的后备资源。青训不仅为自己的球队建立梯队,甚至可以培养出多于一线队的出色人才而向外出售,为俱乐部增加财务收入。

运动球队的这种培养人才的模式,很值得企业参考。理想情况下,如果一个企业在不同的职位上,都有储备人才甚至不止一人,那么企业就具备很好的用人优势。尽管绝大部分企业不会像著名的俱乐部那样财大气粗,专门花钱设置梯队人才,然而这种做法和人才盘点有相通之处。找出继任计划存在的不足,采取人才发展措施来弥补,增加重要岗位的板凳深度,在用人成本费用和板凳深度之间达到平衡。

如果某个管理职位没有任何继任候选人,就需要将这个职位定义为高风险岗位,必须采取行动消除高风险。比如尽快培养其直接下属,或通过调动、招聘更换有潜力的直接下属;如果某个岗位已有候选人,但是仅是一人且准备度为2年,那么这也是需要关注的岗位,要采取培养措施将继任候选人的准备度时间缩短;

理想的企业板凳深度,是每一个岗位都有准备度为"现时"的继任候选人,而且不止一个候选人。另外,企业的继任计划里,可以有交叉继任者,即继任者有来自其他部门的人员,即有多面手人才,可以增加企业继任的灵活性。

## 六、人才池

人才池（Talent Pool）在业界是指获取人才（多指招聘）的一种重要策略。除了在企业组织外的行业、地域等组建招聘对象的人才库外，企业内部也有相应的人才库。

企业内部的人才池，是将各种高潜力人才、继任人才等放在一起进行整体管理，这是某些企业的人才管理策略。比如说，建立储备岗位类别：企业的关键岗位、人员流动量大的岗位、不可替代性强的岗位；建立储备人才的类型：继任者、高潜者、临时性辅助人员等。

对于一般规模的企业来说，继任计划可以满足组织人才的继任安排工作。人才库的管理更多地属于人才发展的职能，这个概念和板凳深度有高度的重合。如果企业在人才发展和招聘模块中有人才池管理，人才盘点可以和它集合在一起进行管理。但是从效率上来说，人才盘点中的继任计划，是企业重要和关键岗位人才管理的最有效果的管理手段，本书认为一般企业不需要设计人才池的管理方式。

# 第六章

## 确定人才发展措施

**辨识人才**
- 工具：人才九宫格、360度评估
- 辨识元素：绩效和潜力
- 产出：
  - 高潜人才
  - 人才九宫格分布
- 问题员工

**制订继任计划**
- 工具：人才九宫格、组织人才状况、人才简历
- 辨识元素：高潜人才、离职风险、业务影响、可调动意愿
- 产出：继任计划

**确定人才发展措施**
- 工具：70:20:10学习法则、人才简历
- 辨识元素：高潜人才、继任计划、能力强/弱项
- 产出：
  - 人才发展措施
  - 加薪/晋升/招聘计划
  - 问题员工纠正措施

人才盘点通用模型的第三个环节，是通过分析高潜人才、继任计划、人才简历，应用70：20：10学习法则来确定人才发展措施，交付人力资源的培训与开发职能去跟进执行。同时，根据企业的人才形势和个体的情况，确定晋升、加薪、招聘计划和问题员工的纠正计划。

# 一、人才发展措施

由于市场化竞争日益激烈，行业精细分工和集约化程度高，企业竞争的成败因素更加依赖于产品创新、技术领先和人才竞争力。国内企业在近几年越来越重视人才发展，人力资源管理的重心开始从原来的招聘和绩效管理，逐渐向员工培训、组织与人才的发展转移。有一定规模的企业的人力资源部都配置培训与人才发展的专门职位，甚至有一个团队，称为 LD（Learning Development，学习发展），或 TD（Talent Development，人才发展），有的设立更具战略高度的 OD（Organization Development，组织发展），虽不同的称谓指代的范围或层次有差异，但基本理念一致。

一些企业的人才发展功能会有人才梯队的概念和做法，和人才盘点的继任计划有相同之处，但在各企业内操作方式有所不同。人才盘点是人才发展职能中的一部分，企业可以自主安排人才盘点的模块和人才发展职能的流程融合，本书不做展开。

需要赋予人才发展措施的对象是辨识出来的高潜人才和继任计划的候选人，培育发展措施的制定依据，是针对候选人才在继任职位上所需改善和提高的相关知识、能力、经验，也就是目前的状况和继任职位的差距。在这个考量过程中，上级主管需要分析的主要是人才简历中的能力优／弱项。在事先填写人才简历的能力优／弱项时，就要充分全面地对人才进行判断。所提出的发展措施，针对的是当事人的能力弱项以及继任职位的能力要求。在此过程中，胜任能力模型的应用能起到作用，但正如本书所倡导的，上级主管的评估判断和组织中其他管理者在会议上的讨论是主要的方式。

提出人才发展措施时，不应只将关注度放在员工课堂培训上。人才真正的能力提升和全面发展主要不是依靠传统的课堂培训，而是 70:20:10 法则（或写作 70-20-10 或 70/20/10），该法则被广泛接受并已成为全世界组织学习发展的"黄金标准"，它源自 Bob Eichinger 和 Mike Lombardo 在 20 世纪 80 年代提出的"历练驱动型发展"（experience-driven development）。有效的学习来自以下法则：

70% 来自挑战性任务（Challenge Assignment），即在岗上完成工作任务和解决问题的实际经验；20% 来自发展关系（Developmental Relationships），即他人的反馈和榜样；10% 来自课程作业和培训（Coursework and Training），即专业的培训课程和阅读。

相应地，在企业的培育人才的资源占比是：调岗、轮岗、工作范围扩大化、工作职责增加等占 70%；指定导师帮带或教练的现场指导占 20%；举办课堂培训和工作外学习，包括自学和阅读专业书籍，占 10%。

- **轮岗、调岗、工作扩大化——70%**

除了晋升管道外，高潜者和继任候选人还可以调动到本身感兴趣或擅长的其他职位上，让其发挥长处，也可以培育人才为目的进行专门的调动轮岗。调动或轮岗有时会使该员工离开舒适区，人才在非舒适区里接受新的工作挑战后，管理能力、跨专业的知识或技能、决策能力等都会得到不同程度的改善和提升。这种以亲身经历的方式培养人才的措施，是人才发展的重中之重。很多的企业都将拥有不同的业务单元或地域的管理经验，作为提拔高级领导人的重要条件之一。

由于当事人的经验和专业性不足，轮调岗对经营和业务绩效可能有短期影响之忧，因而导致在现实中，某些企业难以实现轮岗的做法，或操作的力度不足。但是，经历了初始实施的阵痛期，真正形成制度之后，常年安排轮岗、扩大职责、临时项目派任等的人才培养措施的企业会收获显著的好处。跨职能、跨区域、经验丰富的领导人才多了，企业的人才储备充足，应对职位的空缺问题得心应手，从而增加了企业的人才竞争力。

还有一种常见的做法是将目标人员任命到临时项目中的管理要职上（即项目派任）。项目工作一般是矩阵组织结构式的管理形态，项目目标是通过跨部门协力合作完成的，整个过程需要了解不同部门的业务知识和技能，管理不同特质的成员，因此获得实践锻炼机会，提高综合管理能力。项目结束后，派任人可以回归原来的职位。这种方法给予派任人真实的工作场景，尝试新的工作任务。经过项目历练，可以了解派任人各方面的优缺点。在正式晋升前经历这一过程，一定程度上能降低晋升失败的风险。

### ● 导师指导和帮带——20%

这种育人方式相对容易实现，但质量和结果经常受到挑战。例如专门开发导师制（Mentoring）项目（如新产品、客户服务、人员管理等），让员工在某指定的资深领导或专家的帮助和指引下，进行学习和体验，获得宝贵经验的指导。导师指导和帮带的过程，需要人力资源辅以专业的项目管理监控和支持，避免走过场，以达成期望的效果。

### ● 课堂培训和工作外学习——10%

课堂培训让员工得到学习和吸收专业领域知识的机会，是认知层面的改善，为进一步提高实践技能打下基础。相对另外两种方法而言，课堂教育对实际应用技能的提高和员工发展、成材率贡献偏低，但也是人才发展必不可少的基本方式。由于人力资源从业人员的偏爱，课堂培训备受重视，但有时成效不明显，导致有些经营者对课堂培训投入的意愿不是很强。近年来课堂培训的质量已经有很大的改善，开始重视落地和效果评估、课堂的互动、游戏活动、持续课后跟进、系列性培训方式等。课堂培训是为调岗、轮岗、扩大职责和导师帮带的人才培养方式打基础。

工作外学习常见的方式是参加培训机构的学习和业余攻读专业学位，企业在学费和时间资源上给予支持。另外还有阅读专业书籍，要求员工完成某些必要的文章和著作阅读，如本职工作的行业专业论著、领导力或管理的主流理论、产品或服务的最新动态等，属于自学性质。力求员工在本专业的知识层面上提高自己，扩大视野，跟上时代的步伐。这也是基础层面的培训。

将这三种方式组合，互相补强，是培养人才最好而且业界普遍认可的方法。因此人才盘点中的人才发展措施，是这三者之一或组合。有的企业专门为人才盘点开发培训发展特别项目，将三种方式结合在一起的人才培养计划作为人才盘点的后续工作，由人力资源部负责专门组织和跟进执行。很多企业有特别的培训项目，比如腾讯公司的飞龙计划，曾经获得ATD2015年卓越实践奖，为腾讯培养了300多名领导干部，是腾讯公司高级领导的摇篮。

不少著名的企业有自己的培训机构，比如最著名的通用电气克劳顿培训中心（现称约翰·韦尔奇领导力发展中心），是世界上第一家大企业的商学院，为通用电气高级领导人才的培养做出了显著的贡献，被誉为高瞻远瞩且持之以恒的人才战略的象征。国内有不少企业有自己的大学，用来进行企业员工技能培训和作为人才培育基地，人才盘点所确定的人才发展措施，可以在这个平台上进行。

人才发展措施的实施，是在人才盘点之后转入培训与开发模块跟进，这方面的功能在本书不做展开。

## 二、加薪、晋升、招聘

加薪或晋升计划是挽留人才的手段之一。在前述人才的离职风险和业务影响的评估时提到，如果重要职位上的人才在这两方面都处在"高"的状态，有必要考虑用晋升或加薪来挽留人才，尤其是在其继任者还不能马上顶替的时候。晋升可以让人才发挥其在新职位上已经具备的能力，在更高一级的职责范围内发展；加薪可以让薪酬支付符合人才的合理市场水平，避免流失。

人才盘点会议上的加薪或晋升的建议，并不是马上生效的决策，而是一种计划。晋升计划包括职位、生效日期、加薪的幅度；加薪也包括生效日期和幅度。这两者都要结合任职资格、市场薪资水平和内部薪酬结构、业务需求等考量，在很多情况下，需要设置某些前提条件，比如需完成某个时间段的项目任务的工作，经过考察评估，获得认可。

人才盘点的结果需要采取保密政策，尤其是对待这部分的内容。因为这是一个计划，未必能生效，有可能根据业务和个人的具体情况，取消或暂缓实施。特别需要注意的是，在人才盘点中，上级偏向为下属提出晋升和加薪的情况时有发生，这就要求团队要进行深入而客观的讨论，避免滚雪球效应，以防人才盘点成为不合理晋升和加薪的温床。

因人才盘点而产生的招聘计划，是在评审继任计划和人才状况时，可能因某职位的业务影响、离职风险、问题员工、继任候选人等因素，该职位有必要招聘替代者或储备干部。这是一种相机对策，避免企业的重要人员流失而采取的决策。

## 三、个人发展计划（IDP）

个人发展计划（IDP——Individual Development Plan）是帮助员工职业生涯发展的一个专用工具。

人才盘点输出的高潜人才，除了企业统一提供的培养措施外，人力资源部还可以和高潜人才（也可以包括其他关键职位人才）及其上司开发个人发展计划。这个计划是一份文件，列出员工的详细发展计划，涵盖员工目前的状况、需改善提高的方向、中短期职业目标、长期目标等。开发了这个计划后，人力资源代表或直接上级可以进行定期回顾讨论，给予员工职业生涯的支持意见。

个人发展计划不是人才盘点的专属工具，多数是协助员工的职业生涯发展。在不同的企业，具体的做法不一样，有的是作为一种工作流程而存在，人力资源部按流程要求跟进。有的是以员工为主体，人力资源部仅仅是扮演协助角色。也就是说，个人发展计划是从员工发起，执行计划工作的主体是员工本人，人力资源部给予协助，帮助协调实现计划中的任务，从企业方给予支持。另外，主管上级应当知晓这份计划，在工作中和下属保持沟通，提供日常和计划任务的支持。图 6-1 是 IDP 范式，企业可以自行设计模板：

个人发展计划　　　　　　　日期：

| 姓名： | | 上司： | 职位： | | | 任命日期： | |
|---|---|---|---|---|---|---|---|
| 第一阶段：目前职位 ||||||||
| 目前职位 | 胜任能力 / 技能 / 知识的需求 | | 发展计划 | 开始日期 | 完成日期 | 状态 | 备注 |
|  |  |  |  |  |  |  |  |
| 第二阶段：短期目标（1~2 年） ||||||||
| 感兴趣领域 / 职位 | 胜任能力 / 技能 / 知识的需求 | | 发展计划 | 开始日期 | 完成日期 | 状态 | 备注 |
|  |  |  |  |  |  |  |  |
|  |  |  |  |  |  |  |  |
|  |  |  |  |  |  |  |  |
| 第三阶段：长期目标（3~5 年） ||||||||
| 感兴趣领域 / 职位 | 胜任能力 / 技能 / 知识的需求 | | 发展计划 | 开始日期 | 完成日期 | 状态 | 备注 |
|  |  |  |  |  |  |  |  |
|  |  |  |  |  |  |  |  |
|  |  |  |  |  |  |  |  |

图 6-1 个人发展计划（IDP）模板

需要注意的是，个人发展计划难以做到完美实现。由于各方面的原因，计划任务未必能高质量完成，这属于正常现象，但这并不影响个人发展计划的提出。持续的有计划和有目标的自我发展，会收到一定效果。

## 四、问题员工的纠正措施

经过盘点会议确定后,位于人才九宫格左下角单元格(C1)的员工,需要对其采取纠正措施。这是人才盘点输出的行动计划之一。

在绩效管理循环中也能找出绩效落后的员工,人才盘点在用人才九宫格和管理者集体讨论方式确认,可视为再次强化。如果绩效管理方面的工作不完善,人才盘点在这方面可作为补强。这项任务的目的,是将问题员工的绩效、态度、行为纠正过来,减少低质量员工的数量,进而提高企业的整体人才绩效表现水平,这是人才盘点的功能之一。

有些企业这部分员工进行直接淘汰处理,这样做不符合人力资源开发和积极纠正、保留的精神理念。管理员工应该从善意对待员工出发,当发现员工的绩效和潜力有问题时,首先应该采取措施让他们改善和进步,是先治病救人,而不是直接判刑。

《中华人民共和国劳动合同法》第四十条规定,劳动者不能胜任工作,经过培训或者调整工作岗位,仍不能胜任工作的,才能辞退员工,而且需要给予员工经济补偿。可见,立法的原则也是先提供机会,以纠正为先。纠正员工的措施包括:

- **绩效沟通**

针对员工的绩效情况,主管上级、人力资源代表和员工一起面对面沟通,了解员工的实际问题,提出改善建议和要求。同时,对员工提出需要企业解决的困难,尽可能帮助解决。对话需在平等、尊重的基础上进行,并做书面记录,包括改善的计划日程。

- **培训教育**

为员工提供有针对性的培训,如专门的培训项目、定期和上级谈话等,改善员工的态度、知识和技能的短板,以帮助员工改善行为表现和绩效结果。

- **调动岗位**

因为职位的特点、技能要求等原因,员工不能符合要求而影响到员工的工作发挥的,可以根据员工的具体情况,结合职位能力资格需要,将员工调动到另外合适的职位上,扬长避短从而改善绩效。

- **降级降薪**

根据员工的全面能力情况,可以和员工在进行充分沟通后,将员工降级,下调工资,以匹配问题员工的能力。有人说,没有人会同意这种安排,但事实上在现在就业和生活多元化的时代,这种案例已经开始出现,有人会选择以家庭为重,但同时想保留压力不大的工作岗位。

如果各种措施都不能达到目的，最后才启动辞退流程。

人才九宫格的C2单元格，是绩效未达期望，但潜力尚可（中）。相比之下没有问题员工（C1）的问题严重，可以为位于这个单元格的员工制订绩效改进计划，或留给绩效管理职能来执行改善管理。

## 五、人才发展措施的跟进

人才盘点终盘会议之后，各经营单位的人才发展措施已完成确认，这个时候可以说人才盘点的流程完成了。而人才盘点提出人才发展措施，也包括加薪、晋升、招聘计划和问题员工的处置，是各业务经营单位需要跟进执行的行动任务。这时，将行动任务交给人力资源部负责跟进，监督执行，业务部门负责具体的事项。

人才培养措施由人力资源部主导，包括：

- 专项培育项目的设计、协调执行
- 按计划协调、安排人才的调任，业务部门负责配合执行
- 和业务部门协调，商讨导师制项目和临时项目任命
- 专门负责课堂培训和资料阅读学习

整个过程中，企业的负责人（总裁/CEO）关心整体的流程执行效果，另外特别关注对自己的直接汇报下级的培养和观察，确认接班人。这是人才盘点最高级别的成果。

# 第七章

# 实施流程

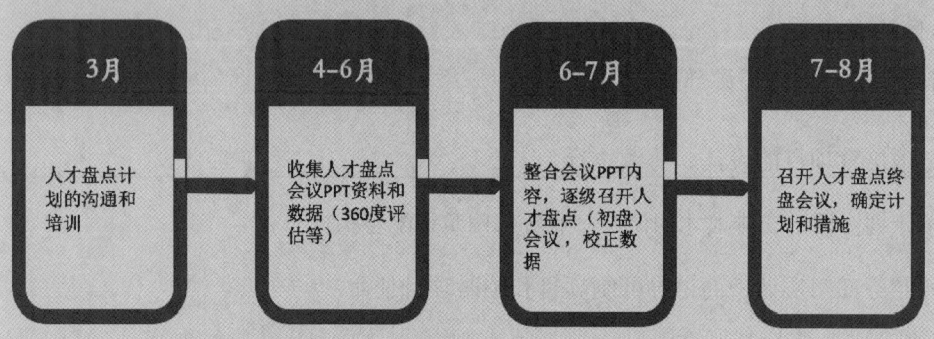

人才盘点最简短的关键词就是：流程。它是一个需要每年重复进行的流程。人才盘点的流程执行任务须每年按照计划和时间展开，完成通用模型的三个任务。

## 一、流程的时间与计划

人才盘点的流程按工作性质区分是四个阶段：沟通和培训、评估和收集资料、逐级初盘会议校正、终盘会议。其中逐级初盘会议因企业的组织结构形式和经营单位的划分不同，可能多于一次，终盘会议则是在企业的最高层管理团队中进行。对于规模不大的单个企业组织，盘点会议只举行一次，不分初盘和终盘。

从时间上来看，人才盘点流程是在一个绩效考核周期之后开始。国内的企业都是每年2月初左右放春节假，在此前完成上年度绩效评估，发放年终奖。人力资源管理部门和高级管理领导在2月前后对人事决议的负荷较重，所以一般应在阴历年后启动人才盘点。

国内外各种资料信息表明，人才盘点大多数始于2~3月，终于7~8月。从中国的商业路线来看，避开了春节这个人力资源部门比较忙碌的季节。此外，年度战略规划、年度预算已经完成了，人才的评价工作在每年2~8月是一个比较合适的时间。

在执行顺序方面：流程始于沟通和培训，让参与人才盘点的人员知晓流程的计划时间和安排，掌握人才盘点的知识和要求；接着由各部门开始收集资料和进行数据加工（如人才简历、绩效等级等），运用工具（如360度调查、人才九宫格等）对人才进行评估和数据分析，汇集形成会议幻灯片（PPT）；召开逐级初盘会议并进行深入讨论，对评估、辨识、继任等结果进行校正（人才盘点会议也被称为校正会议）；最后在高层举行终盘会议来确定组织的继任计划和人才发展措施。对于一个独立经营的单位，只需要一次盘点会议（见图7-1）。

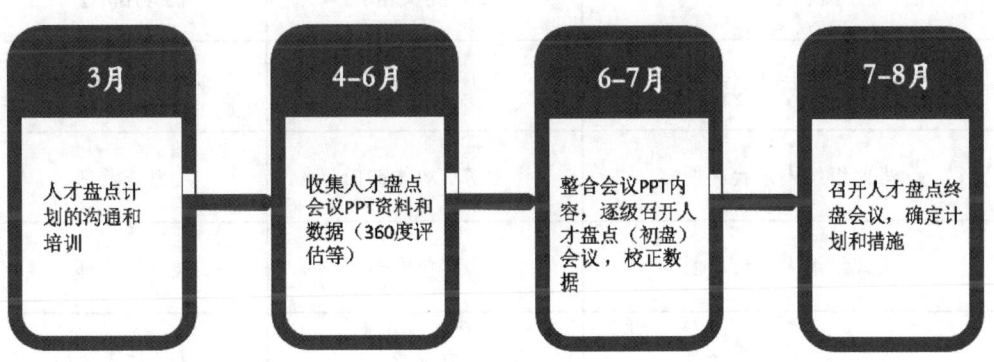

图7-1 人才盘点流程计划

## 二、流程的步骤

人才盘点的具体流程步骤，可以按以下的顺序安排：

● **沟通和培训**

和传统的工作流程如绩效管理或年度加薪的流程不同，人才盘点是比较新鲜的事物，加之绝大多数情况下管理团队（尤其在基层组织），一年内都会有新招聘或晋升的成员加入，每年启动时做充分的沟通和培训来加强对该职能的认识是必要的。沟通和培训可定在每年3月左右。

沟通的事项包括：公告流程的详细计划和要求，包括基本信息、计划时间安排、收集资料和评估的指引、培训安排等。

举行的培训内容主要是：人才盘点会议PPT的介绍、各种概念、定义和工具的介绍、收集资料的要求、盘点会议的注意事项等；

● **评估和收集资料**

人才盘点的所有资料和数据要在盘点会议前准备，以获得员工的绩效、潜力、离职风险、业务影响、可调动意愿的评价等。例如，对员工已有绩效的评价进行三等分，对潜力进行360度调查评估等。一般而言，离职风险、业务影响、可调动意愿由上级主管直接给出评估。最有形成盘点会议汇报人所管辖组织的会议PPT。各项资料的完成要求的负责部门如下（见表7-1）：

表7-1 人才盘点资料提供职责分配

| 资料名称 | 负责提交部门 | 协助部门 |
| --- | --- | --- |
| 上年度盘点行动计划执行情况 | 人力资源部 | 业务/功能部门 |
| 当前组织人才状况图 | 业务/功能部门 | 人力资源部 |
| 未来组织人才状况图 | 业务/功能部门 | 人力资源部 |
| 人才九宫格人头分布 | 人力资源部 | 业务/功能部门 |
| 绩效等级表（Excel） | 业务/功能部门 | 人力资源部 |
| 360度调查结果 | 人力资源部 | 业务/功能部门 |

续表

| 资料名称 | 负责提交部门 | 协助部门 |
|---|---|---|
| 潜力等级表（Excel） | 业务/功能部门 | 人力资源部 |
| 组织与人才指标 | 人力资源部 | 业务/功能部门 |
| 继任计划图 | 业务/功能部门 | 人力资源部 |
| 人才简历 | 业务/功能部门 | 人力资源部 |
| 人才发展措施 | 业务/功能部门 | 人力资源部 |
| 晋升/加薪/招聘计划 | 业务/功能部门 | 人力资源部 |
| 问题员工纠正措施 | 人力资源部 | 业务/功能部门 |

- **逐级初盘会议**

从基层单位开始进行初盘会议，各部门经理分别汇报本部门的人才盘点情况。每级组织的盘点会议结果，即校正后的会议 PPT 和数据等，作为本单位的初盘资料，向上提交并参照更高一级管理单位的盘点。在终盘之前，都称为初盘，根据次数层级，可具体称为一级初盘、二级初盘……一直到终盘。

- **终盘会议**

在最高管理层级召开的人才盘点会议，为终盘会议。由企业的最高负责人（总裁/CEO/总经理）主持，各副总分别汇报本职能组织的人才盘点，最终形成的校正和行动措施，是企业整体的人才盘点结果。

如果是单一经营类别的企业，不分初盘和终盘，只进行一次人才盘点会议。

- **按计划执行盘点措施**

这一步是人才盘点本身流程以外的工作，由人力资源部跟进，在下年度盘点前完成计划措施。

## 三、人才盘点会议

人才盘点各个步骤的收官阶段是人才盘点会议。在会议中做出全部决策，是人才盘点的重头戏。

在国外，人才盘点其实就是一次人才讨论会议。在国内最早展开人才盘点的联想集团，有著名的述能会和圆桌会。绝大部分企业都十分重视人才盘点会议，这是决定企业重要人才接班人的战略会议。通用电气的 Session C 会议就是由杰克·韦尔奇亲自主持，和其他高层管理领导共同参加长达十二个小时的紧张讨论。

盘点会议是企业对整个组织的人才进行评审，是依托人才盘点会议 PPT 来进行讨论。企业的组织形态有单一独立经营的，也有很多是多级、跨区域组织结构的。为了各级组织人才都能得到审视，需要对每一级的经营组织进行人才盘点，故各级组织也需要有各自的盘点流程和会议。会议因盘点组织的等级分为初盘（逐级）、终盘。

● **初盘 / 逐级初盘会议**

小型企业（500 ～ 1000 人以下，或单一经营实体）没有逐级初盘会议，只进行一次盘点会议。以部门为起点，准备好会议 PPT 后由企业的总经理主持召开，盘点对象范围是企业的职员，参加人为总经理直接汇报者（部门经理）及人力资源部的人才盘点专责人。

企业（1000 人以上，多层经营主体），可以从分 / 子公司（或区域）为起点，再到事业部（区域总部）逐级进行盘点会议，会议 PPT 模板和资料是针对本级盘点范围的组织，每一级的 PPT 在校正会议后修改成为下一次（级）的盘点资料，直至终盘会议。如：分公司 / 子公司进行第一级初盘，汇报人为部门经理，对象是本单位职员；第二级初盘在事业部（或区域公司）进行，汇报人为事业部副总或下级公司的负责人，对象是本事业部（或区域公司）以及向事业部汇报的分公司管理团队（1 ～ 2 级管理层）；最后到集团总部终盘，汇报人为集团副总，盘点对象是汇报人管理的事业部管理团队（1 ～ 2 级管理层）。

跨国家或地区经营的企业，从国家或地区的经营单位开始初盘，到国家或地区管理单位初盘，最后汇总到集团总部终盘。各级的盘点对象分别是负责人的汇报管理团队，各级的盘点结果，是下一次盘点的资料。

● **终盘会议**

人才盘点终盘会议是在企业最高管理层中由企业负责人（总裁或 CEO）主持召开的会议，是企业最高层级的人才盘点会议。在终盘会议上，各业务或功能副总对本职管辖范围的人才负责，是从整个企业的视角来审视高潜人才、继任计划、人才发展措施等。由各副总裁对会议的盘点 PPT 进行汇报，其他副总可提出不同的意见、质疑或建议，总裁或 CEO 也会提出问题，并做出最终的人才决策，这些最终的决策是具备企业人才战略高度的。

终盘会议完成后，所校正的人才辨识结果、继任计划、人才发展措施（含晋升、招聘、问题员工的处理计划），由人力资源部会后修正会议的 PPT，形成会议纪要，以备适时的人才变动（晋升、加薪、调动、招聘等）的参考依据。到此，人才盘点告一段落，在接下来到下年度人才盘点之间的时段，由人力资源部作为主要负责人，各业务部门作为执行门，对本年度人才发展措施及其他行动计划进行展开执行和跟进。

在终盘后，最高负责人需要考量自己的继任问题，即外界比较关注的企业领导人继任人选，实际上是企业领导人的直接汇报对象（如副总裁、事业部总裁等）的人才盘点。在这个层面上不会召开人才盘点会议，而是在小范围内由总裁/CEO 和高级人力资源领导等少数几人讨论，针对各位副总的领导和业务能力、经验交换意见，选出潜在的企业接班人，并对他们（可能不止一人）进行观察、沟通、工作调任安排，以获得更多业务线、更大范围的领导经验。最终可以形成和人才盘点会议 PPT 相同的资料，或另外口头或编辑资料向董事会报备。

下表为人才盘点会议详情（见表 7-2）：

**表 7-2　人才盘点各级别会议安排**

| 会议级别 | 会议单位 | 盘点范围 | 与会者 | 备注 |
| --- | --- | --- | --- | --- |
| 初盘会议 | 基层经营单位/分/子公司 | 本单位部门 | 单位总经理、部门经理 | 单一企业初盘和终盘合并 |
| 逐级初盘会议 | 区域/事业部经营单位 | 本区域/事业部的部门和管辖范围 | 区域/事业部部门经理/负责人，区域/事业部负责人 | 没有层级组织的直接终盘 |
| 终盘会议 | 总部集团领导团队 | 各副总的负责范围 | 企业负责人、所有副总 | 单一企业初盘和终盘合并 |
| 总经理/总裁/CEO 接班人讨论 | 小范围、个别面谈 | 副总或其他候选人 | 企业负责人、人力资源副总 | 灵活谈话，向董事会沟通报备 |

从整个过程看，人才盘点是由基层往上层层逐步完成。所有的盘点完成后，整盘资料都可分级查询，每个部门（事业部或分/子公司）有相应的高潜人才、继任计划和人才发展措施。

下面是一个企业的人才盘点会议计划安排的案例：

某企业总部在北京，是一个在全国有分支机构的营销和生产企业，在全国设 4 个事业部：华北区（北京）、华东区（上海）、西南区（成都）、华南区（广州），负责市场开发、销售、客户服务和管理生产工厂，每个事业部分别有 1 到 2 个生产工厂（设为子公司）。

初盘：各事业部下的每个工厂分别对自己的组织进行初盘：工厂的人力资源部负责完成各部门经理的会议 PPT。会议的负责人是厂长，直接汇报人（部门经理）分别在会议上汇报，关注本部门的管理团队和职员。

二级初盘：各事业部分别对自己的组织（含管辖的工厂）进行盘点：事业部的人力资源部负责协调完成的部门经理和工厂厂长的会议 PPT。会议的负责人是事业部总经理，部门经理和厂长分别汇报，工厂的初盘结果作为这次 PPT 会议资料的一部分。关注各部门和工厂的主管级以上人员。

终盘：在总部举行，总部人事部整合集团的会议 PPT，各副总裁根据 PPT 汇报所管辖组织，包括各个功能部门和事业部，之前的事业部盘点结果作为 PPT 的会议资料。总裁主持会议，会议的结果是整个公司的人才盘点最终结果。

## 四、盘点会议 PPT

有的企业是将会议要使用的资料，以表格或各种不同文本格式的文档打印出来给与会者在会上参与，或用投影显示。用这种不连贯的纸质媒介进行会议沟通，远比不上当下流行且最适合展示的微软办公软件：PPT（Microsoft Office Power Point）。

企业需要开发出一套专用的人才盘点 PPT 模板，其内容就是整个人才盘点的任务过程。在会议上，与会者围绕着人才盘点 PPT 进行汇报、讨论和决策。每个盘点单位（部门、分／子公司、区域公司等）的汇报人，都按模板设定的内容和顺序在会上汇报，当汇报人在阐述每一页时，其他与会者可以提问、表达意见和建议，企业领导人对关键的人才问题提出要求、做出指示，决策拍板。如有必要，PPT 事先打印出来分发给与会者在会中查阅，但会议后须回收，不能外传。会议结束后，根据会议意见和决策，更改 PPT 的相关内容，如人才九宫格中各个单元格的人员、继任计划人选、人才发展措施等，最后的版本就是校正的结果。

第一层级盘点会议的 PPT，是收集初始资料形成的。经过这一级盘点会议校正后的 PPT，成为向上一级的盘点会议 PPT，如此逐级初盘，直至终盘。如果是单个经营实体的企业，PPT 只有一个版本。

终盘会议是企业的负责人和其直接汇报人一起召开的，直接汇报人根据 PPT 各自汇报其管理范畴的人才情况。这时的 PPT 是终盘 PPT。经会议校正后的终盘会议 PPT，就是人才盘点的最终决策。

关于人才盘点会议 PPT 模板，在第九章详述。

## 五、与会者职责

每个经营单位的盘点会议参加者一般是：

- 单位负责人（企业最高负责人主持终盘会议）；
- 人力资源负责人；
- 盘点会议促进者（一般为人力资源培训与开发专责）；
- 单位负责人的直接汇报者（即业务部门或功能部门负责人）。

单位负责人的各个直接汇报者是会议的汇报人，在会上陈述本组织的人才盘点，跟随着会议PPT的逐页显示。每个汇报人和单位负责人在他人汇报时，提出自己的意见、建议甚至质疑，经过讨论后，最后由单位负责人决策，达到校正的目的。校正的内容包括人才在九宫格各个单元格的位置、高潜力人选、继任人选、人才发展措施，等等。如果企业的组织汇报关系存在区域或功能上虚实线安排的，盘点范围和会议参加者以实线关系为准进行安排，实线领导可向虚线领导征求意见。

人力资源部负责会议的组织、协调、记录和会议决议的执行跟进。会议的组织需要准备：会议PPT电子版、打印的PPT纸质版、会议议程。此外，需要备有人才九宫格人数分布表，360度调查评估的原始统计等资料（Excel表格形式），以备在需要参阅时，供补充展示。

终盘会议PPT的修正、会议纪要的整理和存档也是人力资源部的职责，也要主导人才发展措施的执行，开发、设定详细计划和步骤（视企业的能力开发专门的培养项目），在接下来的一年，和业务部门一起跟进去完成计划的行动措施。

为了更好地理解盘点会议的准备和过程，人力资源部和业务部门（含人力资源部以外的功能部门）在会议中的职责安排（见表7-3）：

表7-3 人才盘点会议职责安排

| 会议事项 | 负责部门 | 配合部门 | 备注 |
| --- | --- | --- | --- |
| 会议计划 | 人力资源 | 业务/功能部门 | |
| 会议培训 | 人力资源 | 业务/功能部门 | |
| 会议通知 | 人力资源 | | |
| 会议议程 | 人力资源 | | |

续表

| 会议事项 | 负责部门 | 配合部门 | 备注 |
| --- | --- | --- | --- |
| 会议模板 PPT | 人力资源 | 业务 / 功能部门 | 业务 / 功能部门提供部分资料，发出 360 度调查 |
| 会议讨论发言 | 业务 / 功能部门 | 人力资源 | 业务 / 功能部门积极发言 |
| 会议事项 | 决策企业负责人 | 业务 / 功能部门 | |
| 会议主持 | 人力资源 | | |
| 会议记录 | 人力资源 | | |
| 会议纪要 | 人力资源 | | |
| PPT 会后整理 | 人力资源 | | 需会后发出并存档 |

## 六、盘点会议的要点

人才盘点要达到比较好的效果，应该使其成为一个每年都执行的持续流程。开始的第一、二年实行人才盘点的企业，可能不会令人太满意。这是由于新的观念和流程会遇到问题，尤其是反映在盘点会议上，对人的讨论和决策会引起与会者不适。通过几年的不断完善，管理团队成员会习惯和认可人才盘点的方式，效果将越来越好。

因为会议的讨论目标对象是人，人才盘点会议上有几种常见的现象需要注意。

● **保守发言**

对于刚开始导入人才盘点流程的企业来说，与会者不习惯在会议上公开评价人才。特别是不仅要对本部门的下属，而且还对其他部门的成员发表意见时，畏手畏脚。有人评价下属时有趋中倾向，或不愿评论不属于自己团队的员工，这会使人才盘点无法收到应有的效果。在盘点会议中，上级对下属员工的评价，需要得到隔层上级、斜线上级、总裁 /CEO 的意见，以获得充分的意见和沟通。要解决这个问题，企业负责人需要着重强调，盘点前的反复培训能强化与会者的开放心态，以形成大胆建言的会议氛围。一般而言，人才盘点开展了几年之后，这种现象会明显减少。

- **过度争议**

会议中有不同意见，免不了产生争议。与会者需具备较好的沟通技能，勿情绪化和人身攻击，将会议中的争议变成日后的矛盾。因涉及对人的评价，大家都应保持良好的职业操守，发言的内容须对当事人保密，只有这样才能维持健康而有积极意义的讨论。

- **一言堂**

这个情况有时会发生在强势的企业领导主持的盘点会议中。人才盘点在一定程度上是鼓励尊重他人的文化，其中包括尊重他人发表不同意见、做出不同的评估结果等。企业的最高领导人应持有包容的态度去接纳不同的意见，切忌变成了一言堂。

- **继任承诺**

有人认为继任计划等同于给员工的承诺，带来不好的后续反应。这是误解了继任计划。继任计划的关键词是"计划"，需要在培训时进行重点告知：每当继任事件发生时，还必须启动一般的晋升和任职资格评估流程。继任计划实际上每年都是不一样的，人才盘点流程的重复会让继任计划逐年更新。

- **自保意识**

有些部门管理领导者会担忧继任计划会威胁到自己的职位。如果人才盘点年年进行，绝大部分的管理干部在这方面的担忧会消失的。职位继任和人才的培养，是所有领导岗位都需要承担的责任。培养下属是领导的工作职责之一，这是世界上很多著名企业负责人的领导理念。同时，企业有了培养人才的文化，实际上每一个身处领导岗位的人都有机会。换句话说，培养他人，自己也会被培养；下属有机会，自己也有机会。

- **会议控制**

会议的组织者和促进者，是人力资源部的负责人或培训与开发专员。他们需要在会议前准备好会场和所有资料，核查会议PPT的正确性，完整地打印资料，会议的设备设施需要提前准备和测试，在会议中控制好时间，将会议定位为高层的重要战略讨论机会，予以高度重视。

# 第八章

# 人才盘点的收益

- 继任率
- 职位填补时间
- 离职率
- 员工敬业度
- 招聘费用
- 人才成本

一个流程的推行成功与否，与其价值输出有很大关系，企业负责人能看到人才盘点的收益，是人才盘点获得支持的前提。人才盘点有非经济性收益，也有可量化的指标改善和产生可测量的经济性收益。

## 一、非经济收益

任何一个管理功能或流程，必须要有价值输出。人才盘点功能的收益有时会受到挑战。有人会问，它有什么用？

企业经营离不开量化的评估，但也需要定性的评价。有的企业家视文化为核心竞争力而狠下功夫。比如阿里巴巴的诚信，华为的进取，脸书的平等，谷歌的创新等。日常管理活动中，有些定性的评价是可以转化为定量衡量的，比如员工的敬业度调查。但还有更多的企业领导人会重视他自己的观察和心得，在经营活动中通过其本人对主张的价值观进行重复强调，以及在关键事件上所传递的态度，将自己的思想和行为准则，倡导的企业文化核心价值观传达给管理层、全体员工以及客户。在这方面，并不是以量化的方式体现的。

从定性方面来看，人才盘点的背后价值驱动是重视人才、发展人才，将人才竞争力作为企业的核心竞争力，形成良性的人才相互竞争和发展机制。毋庸置疑，这是一种正确的企业管理方法。它为企业的贡献体现在重视人才的无形文化，不断渗透到日常经营活动中。

实施人才盘点的企业因为需要应用绩效评估结果，会促使绩效管理更重视过程的严谨和正规，进而让人才的调动、晋升、加薪的流程合理性得以提高。因为在盘点会议上的诚意建言和倾听，管理层对人才的评估意见，增加了管理者的担当意识，增强了企业培养和发展人才的良好氛围和执行力度。

实施人才盘点的企业为员工提供良好的学习、培训和发展的组织环境，人才受到重视，员工有公平的晋升机会。无论背景或行业是否相同，都会有一个吸引人才的企业文化。

总体而言，人才盘点的好处体现在尊重人才的文化、提高人才质量、吸引外部人才、比竞争对手的人才有比较优势等方面。这一切，都可以说是由人才盘点的实施带来的，大大促进良性的企业人才文化和人才竞争力的形成。

## 二、可量化数据和经济收益

某些量化指标和经济收益能用来衡量人才盘点，即可实证的数据结果和财务收益。以下是在几个方面通过假设的简述，读者可以根据自己企业的具体情况进行计算。

● 继任率

继任率在第五章的组织人才指标中有阐述，指的是通过内部提升或调动方式完成职位空缺填补的百分比，公式为：

$$继任率 = \frac{当期通过晋升或调动填补空缺的职位数}{当期空缺职位总数} \times 100\%$$

该指标可以衡量人才盘点的效果。如果该值在逐年提高，意味着人才盘点产生效果。企业可为这个数字建立一个常模，比如行业的平均数值，如果很难获得行业的平均值，可以在企业内部订立目标值。在每次盘点会议时，展示这个数字在过去几年来的变化情况。

正如前面提及，不应将这个数字设定为KPI，以免为了达标，人为地提拔、晋升不合格的人才，揠苗助长最终造成假象而对人才盘点的效果造成伤害。

- **职位填补时间**

假设主管级或中级工程师级别以上的职位空缺填补平均时间是90天，由于有人才培养措施和继任计划，50%的职位得以马上填补，岗位空缺的平均填补时间可能变为45天。

- **离职率**

假设原来管理或专业人才的离职率是8%，导入人才盘点后，改善了人才晋升的管道，重视人才和发展人才的企业文化建立了起来，优秀的人才对企业的敬业度增加，离职率可能下降50%，即由8%降至4%。

- **员工敬业度**

人才盘点机制加强了人才培养和发展的文化，也会促进绩效管理的有效执行，因而带动目标管理、管理沟通、职业生涯发展等方面的改善。如果企业有实行员工敬业度调查机制的，可能因人才盘点而提高10%的调查结果分数。

- **招聘费用**

如果提高了继任率，职位空缺需要通过对外招聘的渠道就减少了。可以利用企业的历史基础数据来计算招聘费用的节省数额，以下为举例：

公司有20个高级经理，过去平均每年有10%的离职率，即2人离职，每个职位的招聘，需要5万元的猎头费，共需要10万元的招聘费用。

同样，对于主管级、工程师等职位离职后的招聘费用，比如猎头、网站宣传、员工推介奖金，等等，平均每年的开销是10万元费用。

以上共20万元的费用，在人才盘点流程有效实施后，50%的在岗人才离职可能通过内部的职位继任计划中的名单替补，节省50%的费用，即10万元/年。

继任后所产生的空缺，也可以再由其他的继任者顶替。最终形成的结果是，职位的空缺由原来的高职等变成低职等，大大降低招聘的难度和成本。

一个完美的人才管理机制，看到的是几乎只招聘一般入门级的职员。通过人才盘点，通过招聘和内部晋升形成的管理层的比例会发生变化（见图8-1）[①]：

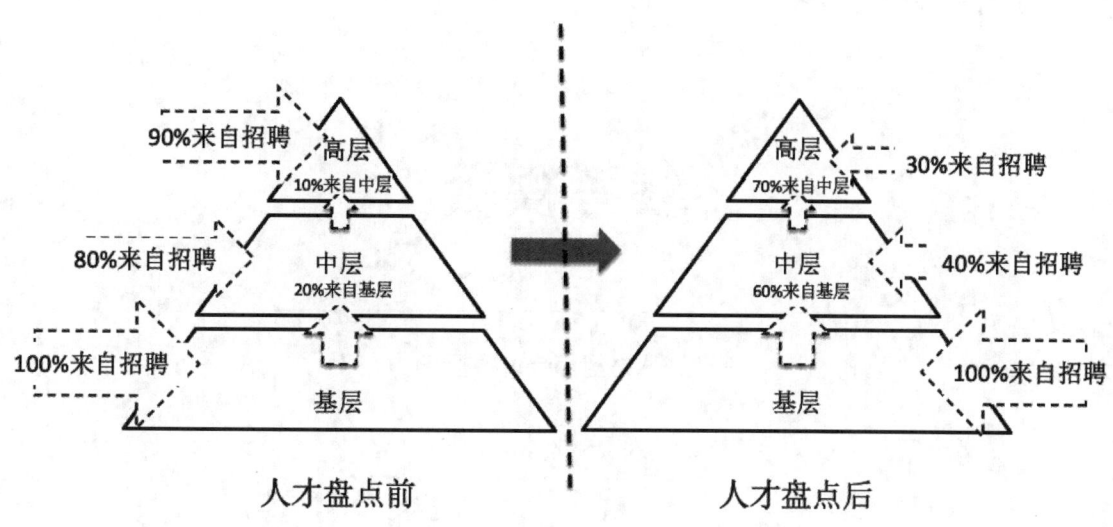

图 8-1 招聘和内部晋升的变化对比

● **人才成本**

人力资源从业人员都知道，从外面招来的高级人才，常常要支付更高或相似的薪酬，而内部晋升的人才，通过合理的加薪后，也会比从外面竞争对手处挖过来的人才的薪酬低一些。此外，新招聘的经理有一定比例的试用期失败率（假设30%），有了人才盘点后，外聘高薪酬和试用期失败率都降低，一年可能节省20万的人才成本。

---

① 创意来自《人才盘点：盘出人效和利润》，作者：李祖滨，汤鹏，李锐。

# 第九章

# 参考模板

```
人才盘点会议模板

×××公司

公司LOGO

2021年××月
```

　　在会议中使用的PPT，是人才盘点理念和逻辑过程的结晶。本章给出的整套PPT参考模板，读者可以根据企业的特点进行必要的修改。此外，本章也提供企业人才盘点政策、会议议程、360度调查的范式和指引。对于没有启动过人才盘点的企业，甚至可以完全直接套用这些资料来开展人才盘点工作。有时候果断直接的模仿，比通过耗时进行烦琐的研究之后再做决策的工作效率更高。

# 一、会议 PPT 模板

以下是和本书阐述内容相一致的人才盘点会议 PPT 模板。这些模板是可根据企业自身的具体特点做更改的。为了阅读方便，忽略 PPT 的页面设计，读者若想应用，可以自行编辑美化。

第一页：封面（图 9-1）：

**人才盘点会议模板**

**×××公司**

**公司LOGO**

2021年××月

图 9-1 人才盘点 PPT 模板——封面

输入相应的企业名字，LOGO 和日期。这份文件是保密的，只给 HR 专责和盘点单位参与人员使用。

第二页：上年度人才盘点行动措施执行的回顾（见图9-2）：

## 上年度人才发展措施回顾

| 上年度计划措施 | 目标对象 | 时限 | 责任人 | 完成情况 |
|---|---|---|---|---|
| Michael和Bill互换岗位6个月 | Michael/Bill | 2020/12 | Kevin | ● |
| Michelle参加高级领导力培训 | Michelle | 2020/8 | Kevin | ● |
| 为Richard实施绩效改善 | Richard | 2020/12 | Kevin | ● |
|  |  |  |  |  |
|  |  |  |  |  |
|  |  |  |  |  |
|  |  |  |  |  |

● 绿色　● 黄色　● 红色

图9-2 人才盘点PPT模版——上年度人才发展措施回顾

表中的各项内容是回顾总结上年度人才盘点的行动措施。完成情况栏显示执行结果：绿、黄、红色圆点分别代表已完成、进行中、未按时完成。若未完成，须讨论原因和纠正措施，并再次作为这次盘点会议的行动计划。

第三页：组织结构人才状况图（见图9-3）：

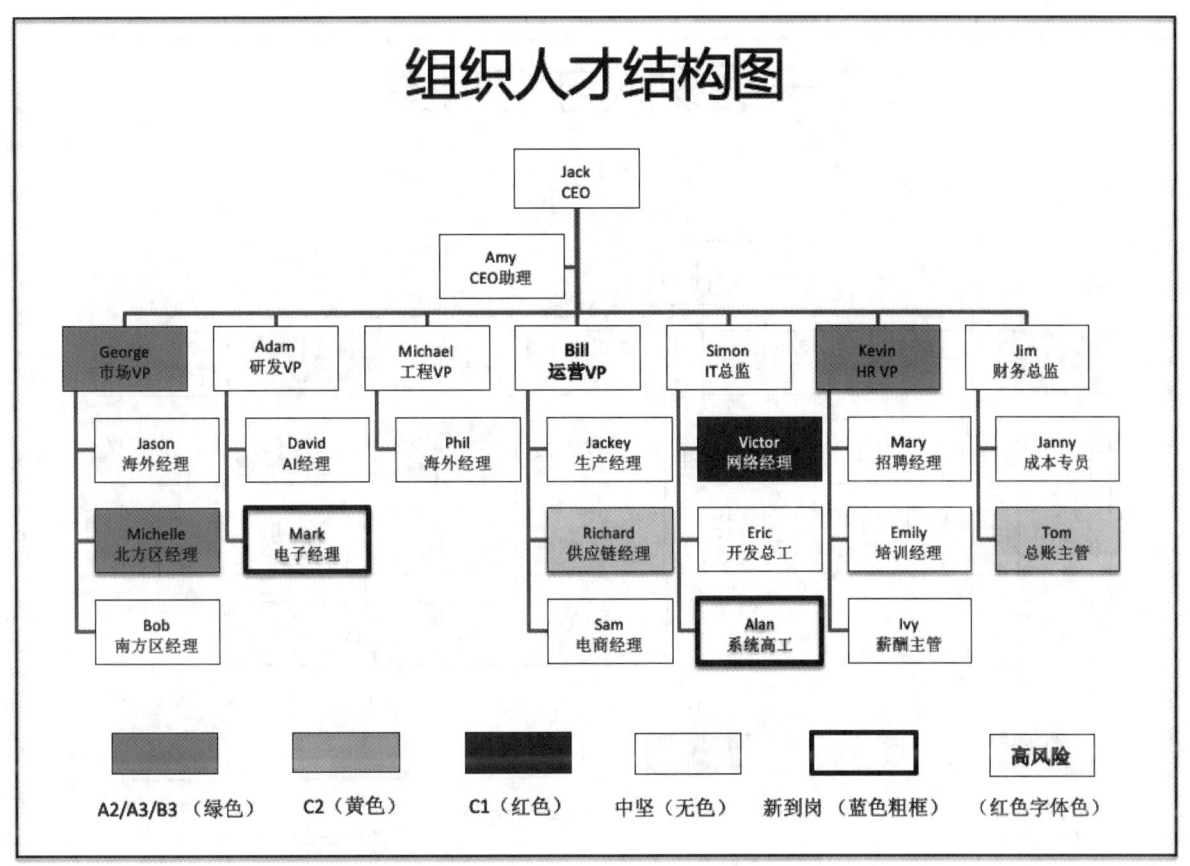

图 9-3 人才盘点 PPT 模版——组织人才结构图

在组织结构图的基础上，反映组织的人才状况：在框内填充颜色来代表人才状况：高潜人才（绿色）、中坚人才（无色）、需改善员工（黄色）、问题员工（红色）；新到岗员工（蓝框，指新招或调动到岗六个月内，定义为中坚人才）；高离职风险和业务影响大的人才（红色字体）。

第四页：未来组织人才结构图（见图9-4）：

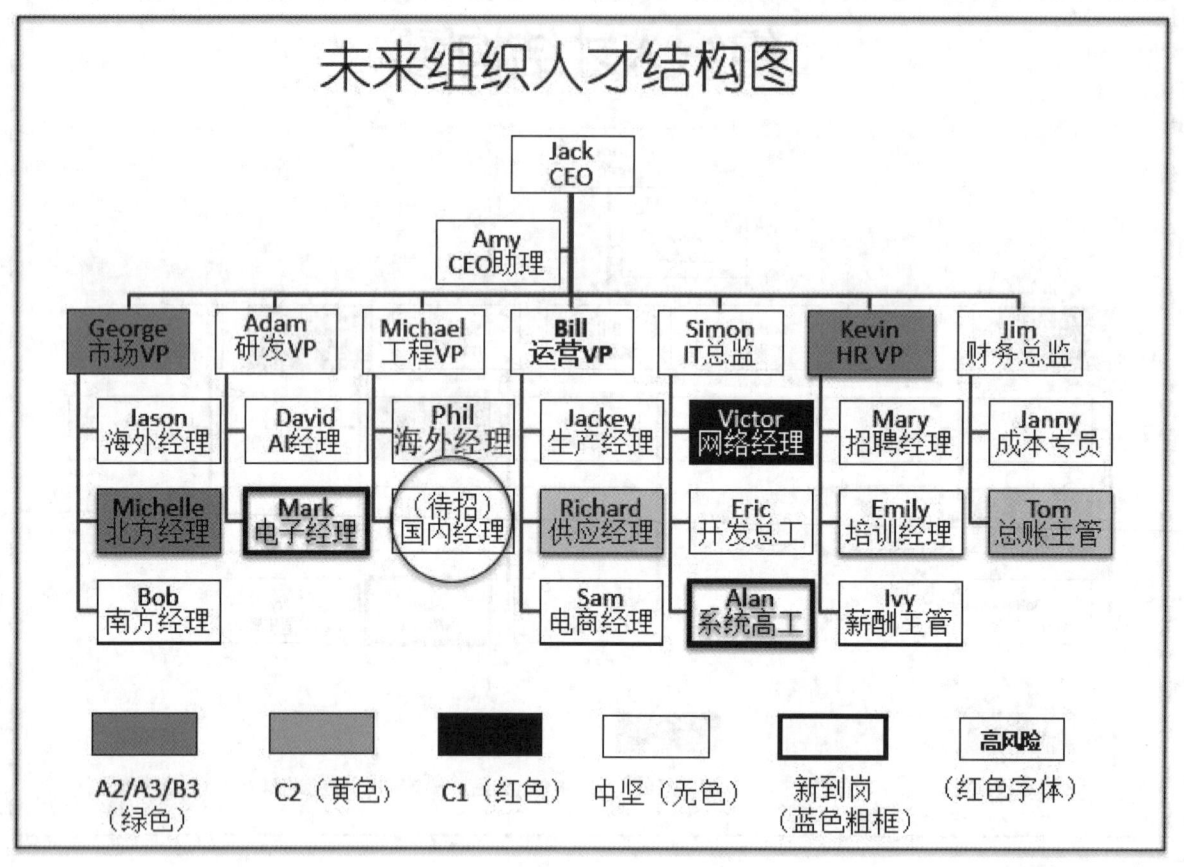

图9-4 人才盘点PPT模版——未来组织人才结构图

在现有的组织结构图的基础上，增加与未来业务变化相匹配的组织结构，并在与目前组织结构不同之处，用圆圈标示出来。

第五页：组织人才指标（见图9-5）

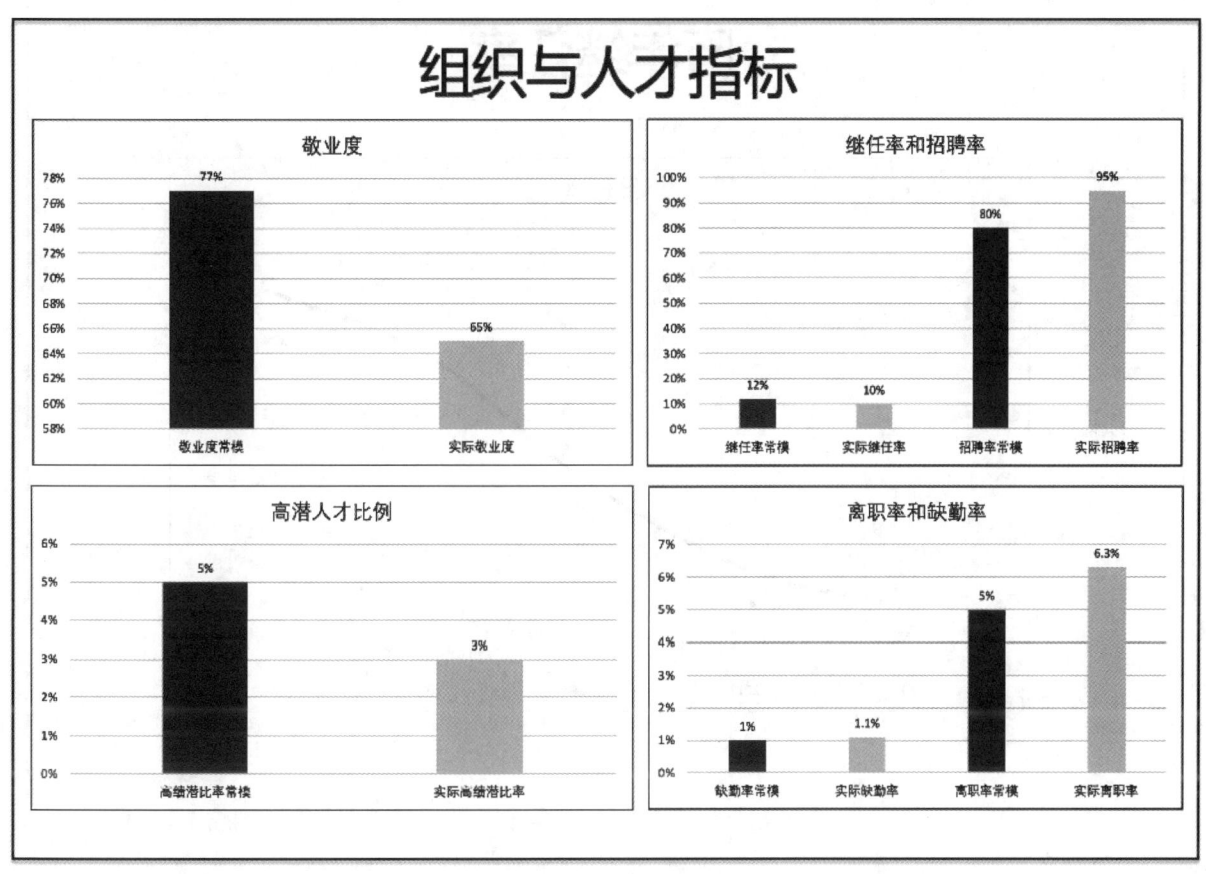

图 9-5 人才盘点 PPT 模版——组织与人才指标

显示组织人才指标状况：敬业度、高潜人才比例、继任率、招聘率、离职率、缺勤率。企业可以根据自己的情况增减不同的指标。图中的常模，是指国际、国内、行业标杆的平均数值或企业内定的目标。没有实施敬业度调查的企业，可以参考快速（迷你）Q12 作为敬业度调查。

第六页：历年继任率（见图9-6）：

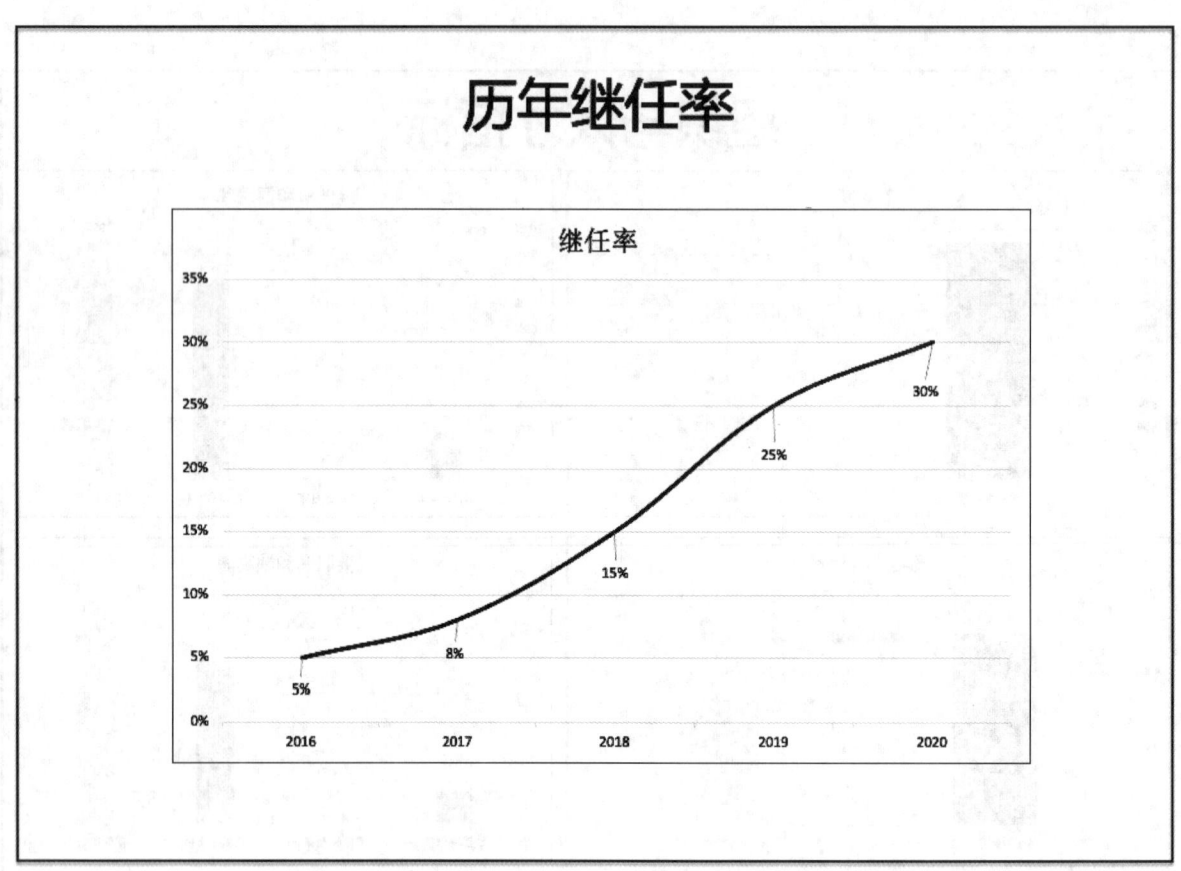

图9-6 人才盘点PPT模版——历年继任率

继任率指标可以反映人才盘点的效果。

第七页：直接下属人才九宫格（见图9-7）：

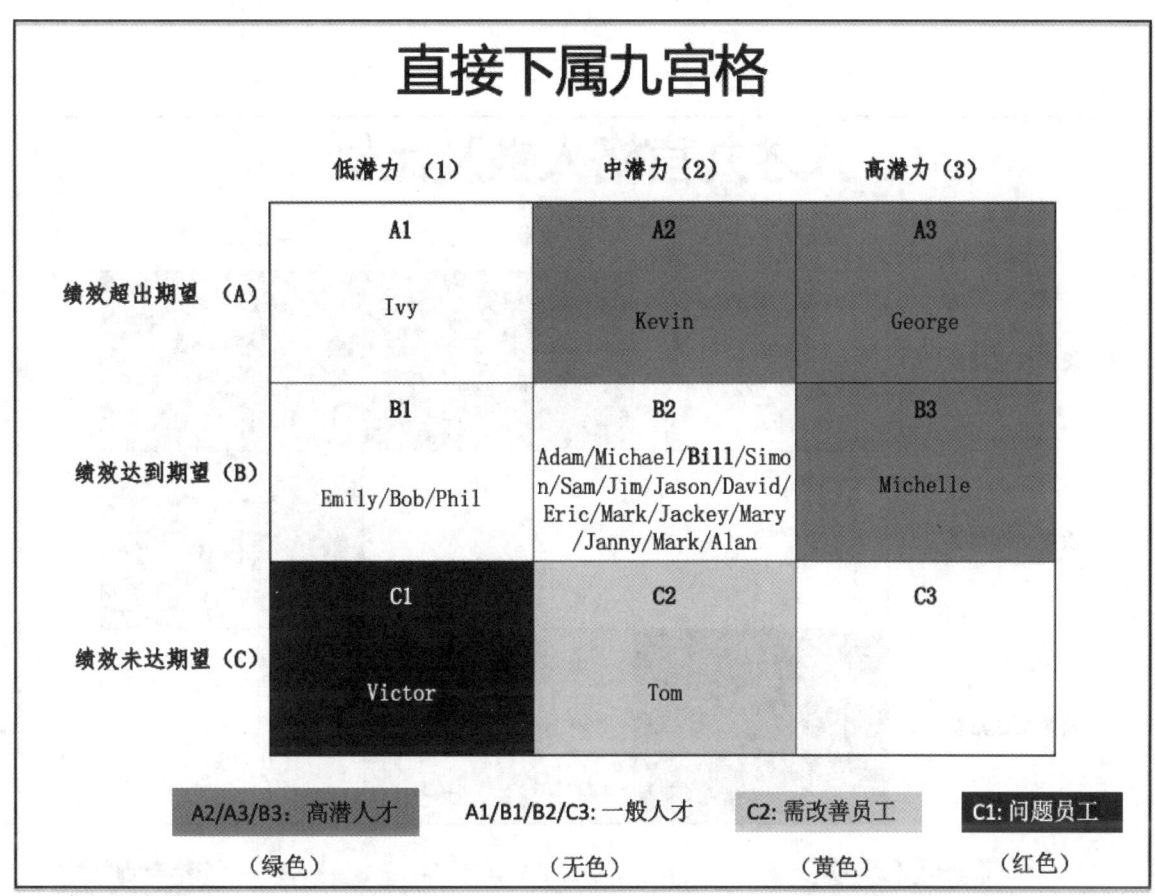

图9-7 人才盘点PPT模版——直接下属九宫格

盘点单位的管理层九宫格人才分布，范围是汇报人的直接下级。将员工名字依据图示填入相对应的各单元格内；绩效可来自最新的年度或将过去三年的考核结果切为三等分，分别为超出期望、达到期望、未达期望三类；潜力来自上级的评定或是360评估的结果。具体每个单元格所代表的是：

A2/A3/B3 表示为绿色，视为"高潜人才"，应占盘点人头的5%～10%。

A1/B1/B2/C3，表示为无（白）色，应占盘点人头的80%～90%，是企业的一般人才，也可以说是中坚人才；

C2 表示为黄色，是需改善绩效员工，应占盘点人头的5%以内，可以做绩效改善计划；

C1 表示红色，是潜力和绩效都处于较低的水平的问题员工，应占盘点人头的5%以内。需要考虑提供培训、调岗、面谈、辞退。

红色字体的名字是离职风险高且业务影响大的员工。

在岗位上不足6个月的员工，放在B2单元格内。

第八页：九宫格人头分布数量和比例（见图9-8）：

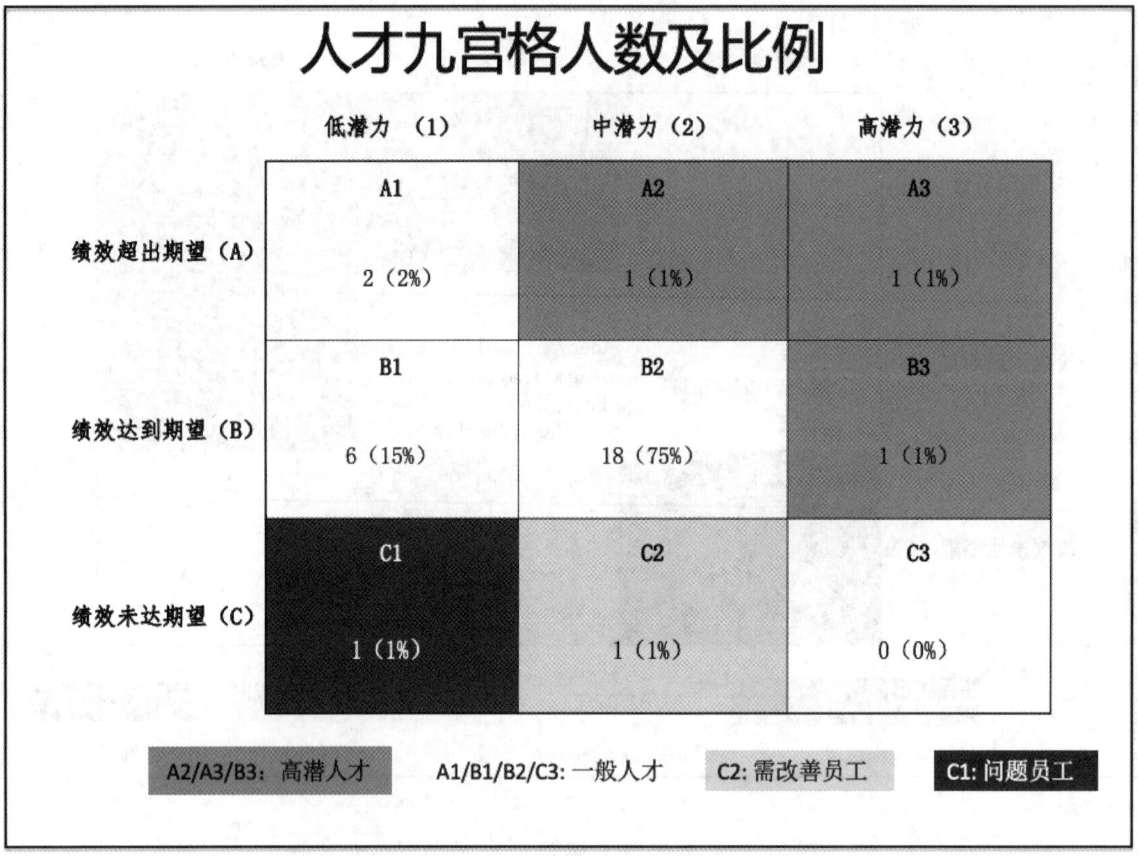

## 人才九宫格人数及比例

|  | 低潜力（1） | 中潜力（2） | 高潜力（3） |
|---|---|---|---|
| 绩效超出期望（A） | A1<br>2（2%） | A2<br>1（1%） | A3<br>1（1%） |
| 绩效达到期望（B） | B1<br>6（15%） | B2<br>18（75%） | B3<br>1（1%） |
| 绩效未达期望（C） | C1<br>1（1%） | C2<br>1（1%） | C3<br>0（0%） |

A2/A3/B3: 高潜人才　　A1/B1/B2/C3: 一般人才　　C2: 需改善员工　　C1: 问题员工

图9-8 人才盘点PPT模版——人才九宫格人数及比例

显示被盘点人员在各单元格中的人数和所占比例，合理分布的比例应该是：C1：≤5%；A3/A2/B3：5%～10%；C2：≤5%，其他：80%～90%，如果分布不合理，应在会议中校正。

**第九页：继任计划图（见图 9-9）：**

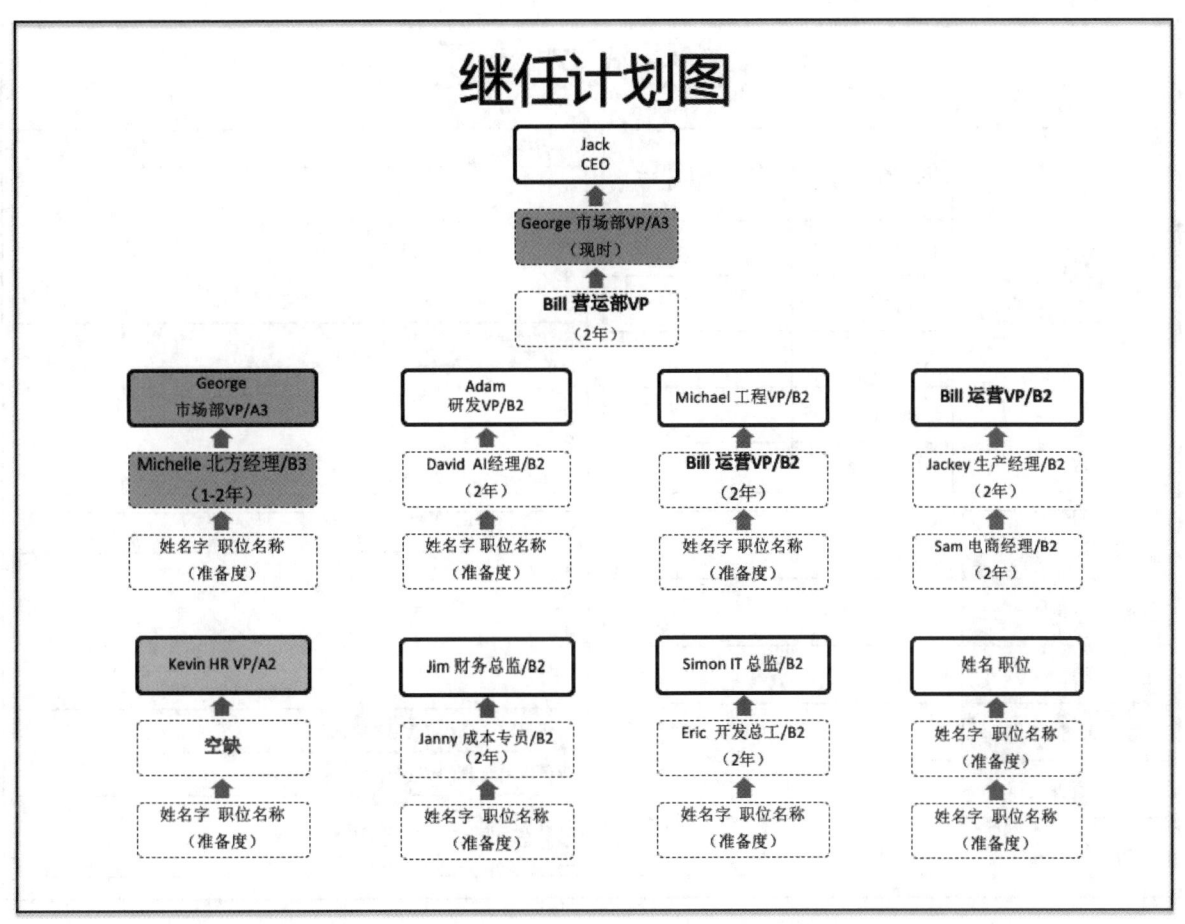

图 9-9 人才盘点 PPT 模版——继任计划图

以组织结构图为基础，将目前在岗的任职者和继任者填入，将人才九宫格单元格所属的颜色作为底色；每个职位安排两个继任框；没有继任候选人的职位，用红色字体标记"空缺"，其他方框和字体颜色，和前述组织人才结构图一致。

第十页：继任人才简历（见图9-10）：

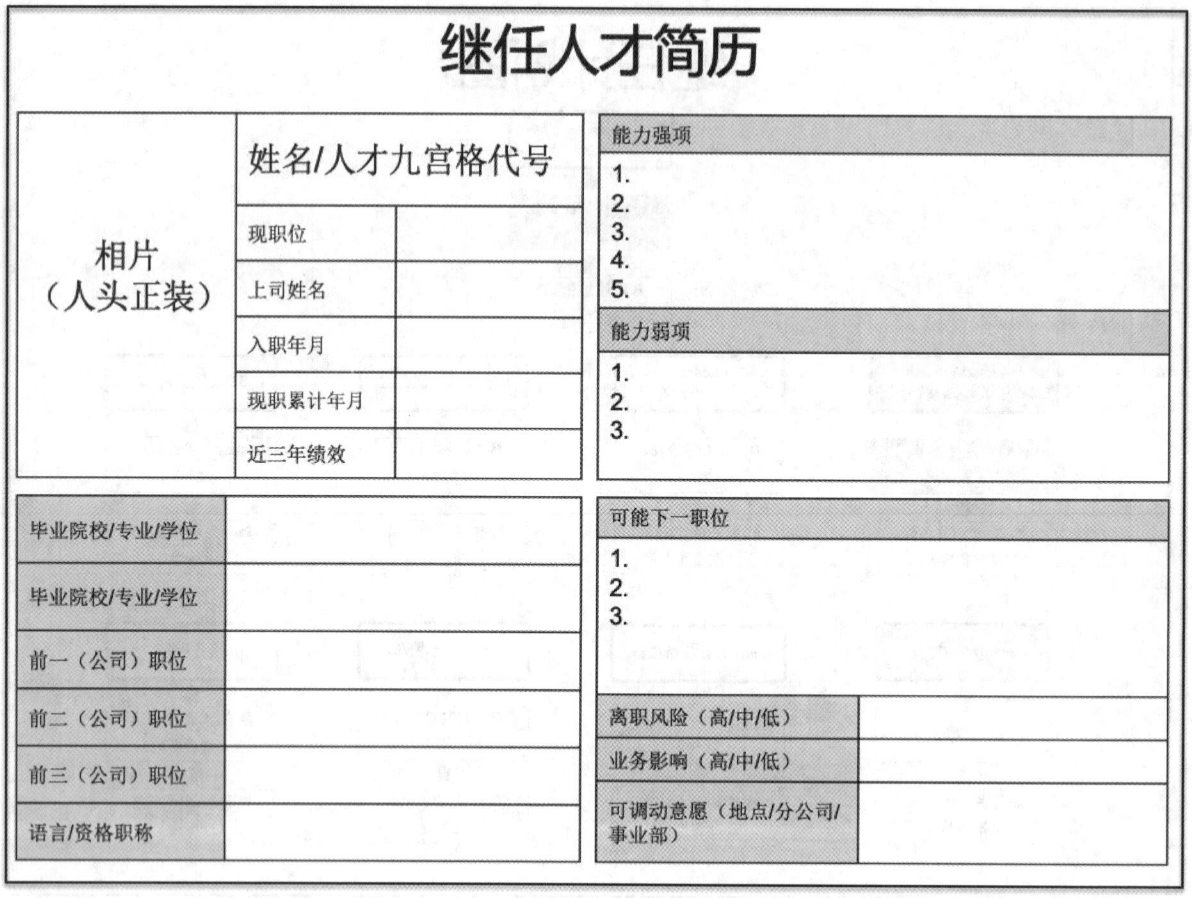

| | | | 继任人才简历 | | |
|---|---|---|---|---|---|
| 相片（人头正装） | 姓名/人才九宫格代号 | | 能力强项 1. 2. 3. 4. 5. | | |
| | 现职位 | | | | |
| | 上司姓名 | | | | |
| | 入职年月 | | 能力弱项 1. 2. 3. | | |
| | 现职累计年月 | | | | |
| | 近三年绩效 | | | | |
| 毕业院校/专业/学位 | | | 可能下一职位 1. 2. 3. | | |
| 毕业院校/专业/学位 | | | | | |
| 前一（公司）职位 | | | | | |
| 前二（公司）职位 | | | 离职风险（高/中/低） | | |
| 前三（公司）职位 | | | 业务影响（高/中/低） | | |
| 语言/资格职称 | | | 可调动意愿（地点/分公司/事业部） | | |

图9-10 人才盘点PPT模版——继任人才简历

此为需讨论的继任人才简历。相片需用人头正装照，不宜用生活照。人才九宫格代号是指人才九宫格里的A/B/C和1/2/3的组合代号；毕业院校和专业仅需简写；能力强项最多写5点，能力弱项最多写3点；可能下一职位可以是晋升或调动到某一职位。

第十一页：其他高潜人才简历（见图9-11）：

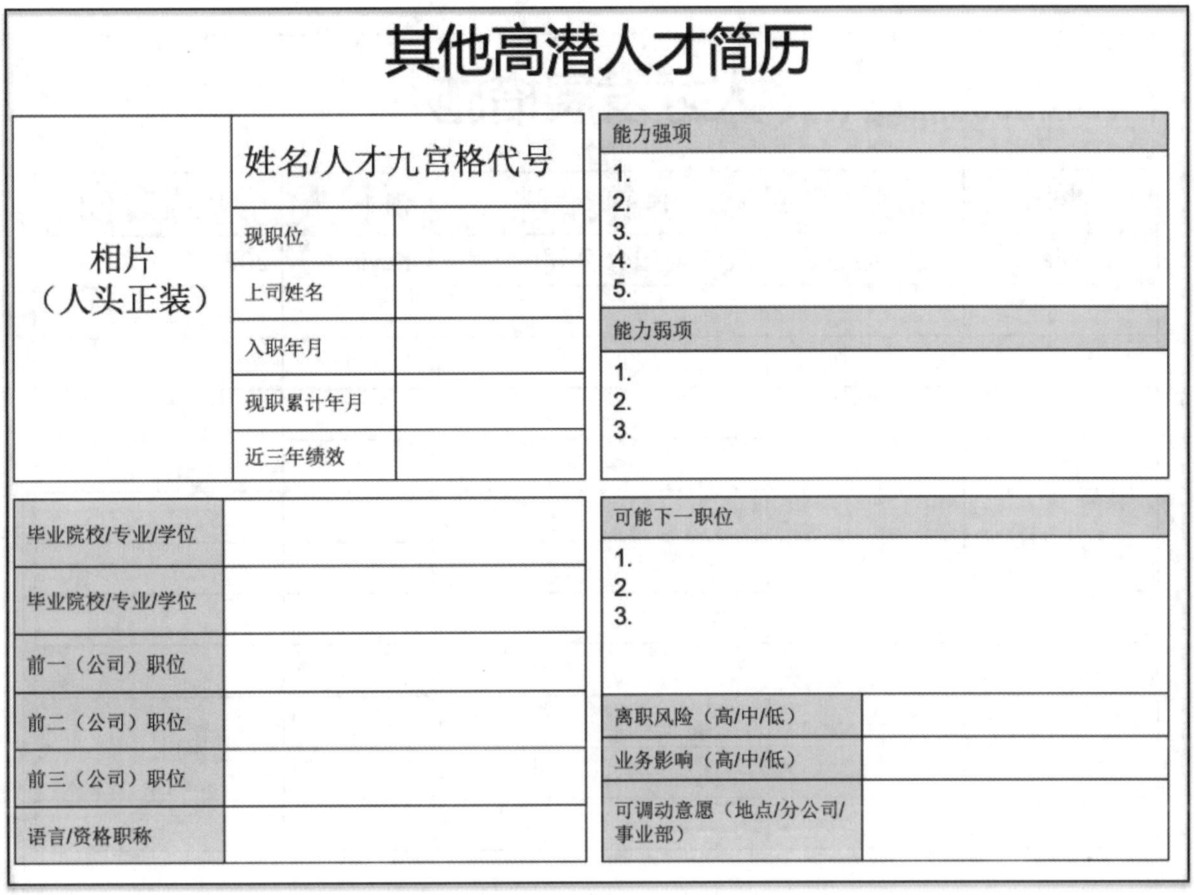

## 其他高潜人才简历

| 相片（人头正装） | 姓名/人才九宫格代号 | | 能力强项 |
|---|---|---|---|
| | 现职位 | | 1.<br>2.<br>3.<br>4.<br>5. |
| | 上司姓名 | | |
| | 入职年月 | | 能力弱项 |
| | 现职累计年月 | | 1.<br>2.<br>3. |
| | 近三年绩效 | | |
| 毕业院校/专业/学位 | | | 可能下一职位 |
| 毕业院校/专业/学位 | | | 1.<br>2.<br>3. |
| 前一（公司）职位 | | | |
| 前二（公司）职位 | | | 离职风险（高/中/低） |
| 前三（公司）职位 | | | 业务影响（高/中/低） |
| 语言/资格职称 | | | 可调动意愿（地点/分公司/事业部） |

图9-11 人才盘点PPT模版——其他高潜人才简历

除了上一页继任人才简历外，这一页是组织内其他高潜人才的简历。

第十二页：人才发展措施（见图9-12）：

## 人才发展措施

| 姓名 | 职位 | 培养计划 | 责任人 | 完成时间 |
|------|------|----------|--------|----------|
| Michelle | 北方区经理 | 派任美国分公司6个月 | Kevin | 2021/6 |
|  |  |  |  |  |
|  |  |  |  |  |
|  |  |  |  |  |
|  |  |  |  |  |
|  |  |  |  |  |
|  |  |  |  |  |
|  |  |  |  |  |
|  |  |  |  |  |
|  |  |  |  |  |

图9-12 人才盘点PPT模版——人才发展措施

这是人才发展措施；按照70-20-10的原则规划人才发展计划：70%来自实际工作经验，20%来自辅导和指导，10%来自学习和培训。措施的跟进和执行由人力资源部负责另行规划，可以开发专门的人才发展项目。

第十三页：问题员工改善措施（见图 9-13）：

问题员工改善措施

| 姓名 | 职位 | 问题简述 | 改善措施 | 责任人 | 完成时间 |
|---|---|---|---|---|---|
| Victor | 网络经理 | 客户服务意识 | 实行绩效改善计划 | Kevin | 2021/10 |
| | | | | | |
| | | | | | |
| | | | | | |
| | | | | | |
| | | | | | |
| | | | | | |
| | | | | | |
| | | | | | |
| | | | | | |
| | | | | | |
| | | | | | |

图 9-13 人才盘点 PPT 模版——问题员工改善措施

这是专门针对有问题的员工（C1）的［也可以包括绩效需改善者（C2）］，采取的措施包括绩效改进计划（PIP）、调动岗位、专项培训、终止劳动合同等。

第十四页：晋升/加薪计划（见图9-14）：

## 晋升/加薪计划

| 姓名 | 现职位 | 计划内容 | 年费用增额 | 责任人 | 计划时间 |
|------|--------|----------|------------|--------|----------|
| Bill | 运营VP | 加薪10% | 20万（加薪10%） | Kevin | 2021/3 |
|      |        |          |            |        |          |
|      |        |          |            |        |          |
|      |        |          |            |        |          |
|      |        |          |            |        |          |
|      |        |          |            |        |          |
|      |        |          |            |        |          |
|      |        |          |            |        |          |
|      |        |          |            |        |          |
|      |        |          |            |        |          |

注：此计划不是正式批准，晋升仍需依据流程

图9-14 人才盘点PPT模版——晋升/加薪计划

这是针对离职风险高且职位重要等因素提出的晋升或加薪计划，挽留高潜或关键人才。

第十五页：招聘计划（见图 9-15）：

## 招聘计划

| 职位 | 招聘目的 | 年费用增额 | 责任人 | 计划时间 |
|---|---|---|---|---|
| HR经理 | HR VP 的继任人 | 50万 | Kevin | 2021/7 |
| | | | | |
| | | | | |
| | | | | |
| | | | | |
| | | | | |
| | | | | |
| | | | | |
| | | | | |
| | | | | |
| | | | | |

图 9-15 人才盘点 PPT 模版——招聘计划

针对无继任人、高离职风险且业务影响大的职位、问题员工可能离职的原因的招聘计划。

第十六页：附件过渡页（见图 9-16）：

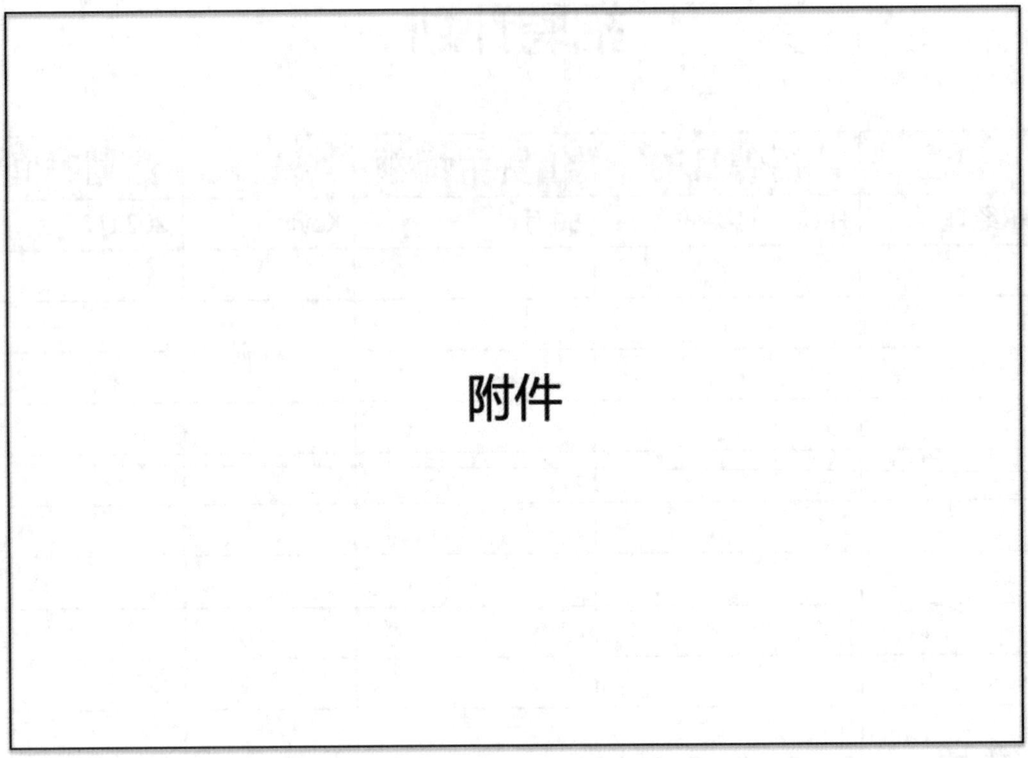

附件

图 9-16 人才盘点 PPT 模版——附件过渡页

必要的附件可以放在附件页面后，以备讨论会议中使用。

第十七页:非继任、非高潜管理职位人才简历(见图9-17):

## 非继任、非高潜管理职位人才简历

| 相片（人头正装） | 姓名/人才九宫格代号 | | 能力强项 |
|---|---|---|---|
| | 现职位 | | 1.<br>2.<br>3.<br>4.<br>5. |
| | 上司姓名 | | |
| | 入职年月 | | 能力弱项 |
| | 现职累计年月 | | 1.<br>2.<br>3. |
| | 近三年绩效 | | |

| 毕业院校/专业/学位 | | 可能下一职位 | |
|---|---|---|---|
| 毕业院校/专业/学位 | | 1.<br>2.<br>3. | |
| 前一（公司）职位 | | | |
| 前二（公司）职位 | | 离职风险（高/中/低） | |
| 前三（公司）职位 | | 业务影响（高/中/低） | |
| 语言/资格职称 | | 可调动意愿（地点/分公司/事业部） | |

图 9-17 人才盘点 PPT 模版——非继任、非高潜管理职位人才简历

除了前面讨论过的继任候选人、高潜人才外,有时会讨论其他管理职位的员工,可以放在此处备用。

第十八页：人才九宫格分布明细（见图9-18）：

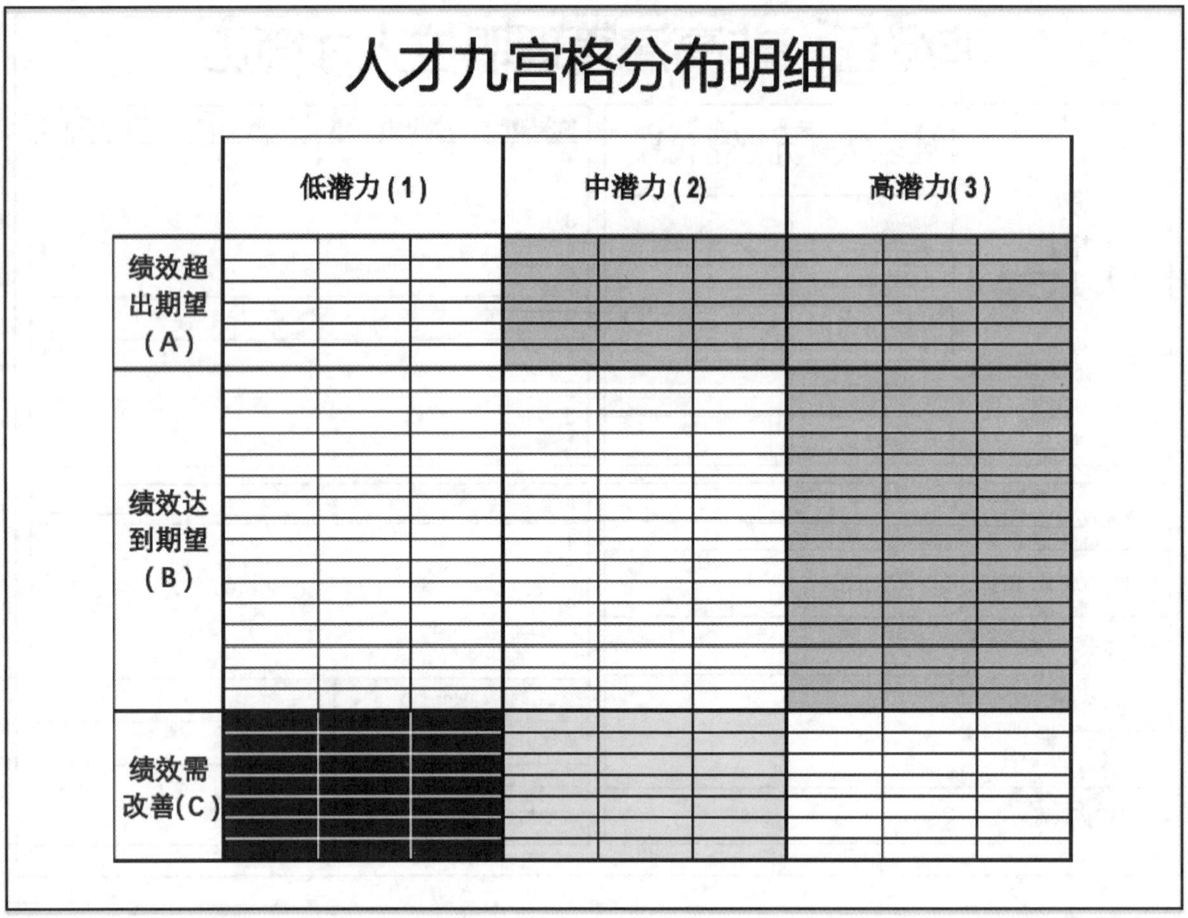

## 人才九宫格分布明细

|  | 低潜力(1) | 中潜力(2) | 高潜力(3) |
|---|---|---|---|
| 绩效超出期望(A) | | | |
| 绩效达到期望(B) | | | |
| 绩效需改善(C) | | | |

图9-18 人才盘点PPT模版——人才九宫格分布明细

盘点单位所有员工在人才九宫格的分布明细，将姓名填入小格内，供查阅备用。

以上是人才盘点会议上的PPT页面。人力资源部同时还备有相关的基础数据和资料：360度评估结果、离职风险、业务影响以及PPT中人才状况的后台Excel文件等。

# 二、人才盘点政策

一个流程在企业中能够持续执行，需要和其他管理职能一样，有明文的政策规定并列入文件管控，实施起来就有了保障，以下是人才盘点政策参考模板：

**人才盘点管理和流程（草）**

（按企业的行文格式和管理/业务特点修改）

**1. 目的**

对公司人才的绩效、潜力进行评估和审议，识别高潜人才，制订和更新管理层和关键职位的继任计划，确定人才发展措施，增强公司的人才竞争力以满足业务战略目标的达成。

**2. 定义**

2.1 人才盘点是统一称谓，英文为：Talent Review。

2.2 高潜人才：指潜力和绩效综合评估上佳的人才。潜力和绩效二因素评估中，两者均为高水平或其中一个因素为高水平，另一因素为中等水平。

2.3 个人发展计划：指的是个人职业生涯的胜任能力的培训、学习、实践计划，英文名：IDP（Individual Development Plan）。

2.4 70：20：10学习法则：指的是个人胜任能力的提高，按70%工作实践、20%接受教育培训、10%自我学习的方式培育人才。

2.5 绩效超出期望（A）：最近绩效指标评估全部超过目标；绩效达到期望（B）：最近绩效评估基本全部达到目标；绩效未达期望（C）：最近绩效评估低于目标；A、B、C三级评价既基于实际绩效达成，也基于组织中员工相对比较校正后的分配。

2.6 高潜力（3）：在抱负、敬业度、能力方面，经过360度评估后达3分；中潜力（2）：在进取心、敬业度、能力方面，经过360度评估得到2分；低潜力（1）：在抱负、敬业度、能力方面，经过360度评估得到1分的。

**3. 职责**

3.1 人力资源部：

 3.1.1 负责政策的制定，文件编写、工具的开发和格式的统一确定；

 3.1.2 会议的召集、协调和沟通；

 3.1.3 数据的整合和提供；

 3.1.4 相关决议的跟进和汇报；

3.2 各事业部或部门：

 3.2.1 执行和配合人力盘点的数据获取；

 3.2.2 参加盘点会议和积极发言，提供意见；

 3.2.3 相关决议的执行；

### 4. 范围

4.1 适用于各事业部的非操作型员工；最低盘点单位为分公司或子公司。

4.2 初盘为分公司、区域公司、事业部范围，终盘为集团高级领导层。

### 5. 程序

5.1 人资源部发出人才盘点计划通知，宣布启动盘点活动和时间计划；

5.2 举行人才盘点培训，内容包括人才盘点的介绍、工具的解释、业务经理的责任、会议模板PPT和资料收集要求、盘点会议的注意事项等；

5.3 人力资源部发出360度潜力评估调查，两周内得出调查结果；

5.4 初盘：以分公司、区域公司、事业部为单位，逐层召开盘点会议，并将最终结果呈送集团主管副总；

5.5 终盘：在集团高层管理层召开人才盘点会议，最终形成全公司的继任计划和人才发展的措施决议；

5.6 各级人力资源部依据人才发展措施、人事调整措施，展开组织与人才发展的行动措施的计划实施、监督和支持。

5.7 时间计划（见表9-1）

5.8 人才盘点会议后的人才发展措施：由人力资源部按70：20：10学习法则启动明星人才培训计划，包括以下几部分：

表9-1　人才盘点时间计划表

| 次序 | 时间 | 范围 | 责任部门 |
| --- | --- | --- | --- |
| 绩效考核完成 | 1月 | 全公司 | HR |
| 初盘启动 | 2月底 | 全公司 | HR |
| 360度潜力评估 | 3月中 | 全公司 | HR |
| 第一级初盘会议 | 3月中 | 部门 | 各部门 |
| 第二级初盘盘会议 | 4月中 | 事业部各 | 事业部 |
| 终盘会议 | 6月上 | CEO及VP | HR |
| 措施执行 | 7月～2月 | 全公司 | 各事业部/部门 |
| 措施执行检查 | 10、12、1月 | 全公司 | HR |

5.8.1 培训项目：有针对性的培训课程

5.8.2 工作轮换或指派：根据IDP和人才盘点的决议做出的新工作安排和岗位轮换。

5.8.3 导师制：针对所需提高的能力，在公司内部指定私人导师，进行一对一辅导。

5.8.4 个人发展计划：按IDP的内容，由个人自行学习和发展。

6. 其他

7. 附件

注：这个管理政策中，为保密起见没有将晋升、加薪、招聘写入。

## 三、人才盘点会议议程

盘点会议的流程如下，企业可根据自己的情况做调整（见表9-2）：

**表9-2　2021年度人才盘点会议议程表**

会议地点：×××会议室　　会议主持：Kevin　　会议促进人：Emily　　会议记录人：Emily

| 目标时间 | 控制时长 | 议程 | 发言人 | 备注 |
| --- | --- | --- | --- | --- |
| 9:00 | / | 会议开始 | | |
| 9:00-9:10 | 10 | 会议导言 | Jack（总裁） | |
| 9:10-9:15 | 5 | 会议要求/指引 | Kevin（HR VP） | |
| 9:15-9:45 | 30 | 市场 | George（市场VP） | 市场部PPT |
| 9:45-10:15 | 30 | 研发 | Adam（研发VP） | 研发部PPT |
| 10:15-10:30 | 15 | 茶歇 | | |
| 10:30-11:00 | 30 | 工程 | Michael（工程VP） | 工程部PPT |
| 11:00-11:30 | 30 | 运营 | Bill（运营VP） | 运营部PPT |
| 11:30-12:00 | 30 | IT | Simon（IT总监） | IT部PPT |
| 12:00-13:30 | 90 | 午饭/午休 | | |
| 13:30-14:00 | 30 | HR | Kevin（HR VP） | HR部PPT |
| 14:00-14:30 | 30 | 财务 | Jim（财务总监） | 财务部PPT |
| 14:30-15:00 | 30 | 总结 | Jack（总裁） | |
| 15:00 | / | 会议结束 | | |

人才盘点会议因企业的文化氛围不同而有差异。在鼓励开放沟通的企业文化中，会议中的发言和争论较多，时间较长，甚至从白天开到晚上。为了保密和专注，有的企业将人才盘点会议安排在远离企业的地方召开。会议的主持人是企业负责人或人力资源负责人，人力资源的人才盘点专责职员是会议的促进者。更多的时候，由于保密的需要，人力资源负责人兼任会议的促进者角色。

## 四、360度评估

360度评估指的是员工接受下属、平级同事、直接上级、间接上级等多方位利益相关者在某方面的评估。相比人才测评，360度评估者是企业中的成员，对于获取真实的评价和群体中的相互比较，比人才测评更有优势。最重要的是，360度评估的便利性和低成本，使所有的企业都能实施。

360度评估既可以由企业自己的IT工程师研发，也可以利用网上的调查软件，价格比较便宜（甚至免费）。网上的调查软件如问卷网、问卷星等，英文的调查软件有SurveyMonkey等。这些应用软件能实现多种功能，生成结果的界面可以个性化定制，并且能在移动终端（手机）上使用。

人才盘点可以在几方面应用360度调查。在本书的通用模型之下，可以利用360度评估来完成人才的潜力评价、业务影响、离职风险评估。360度调查得出的结果，用来纠正上级评价的主观偏差，能起到很好的辅助作用。在收集盘点会议资料时，企业可以根据需要，选择必要的评估元素进行360度调查评估。即可以直接利用调查结果，也可以在调查结果的基础再加上上司的判断，给出最后评价。

由于调查方法需要在企业内保持一致性，因而在评价人的选择上要做出相关的要求，比如评估者的选定原则和评估的人数、评估的标准等。

一般的360度评估的基本步骤和做法如下：

第一步：选择评估元素

本书建议必选的员工评估元素是潜力，至于业务影响和离职风险，企业可以根据自己的情况取舍，如果不用360度调查，则由上级直接判断。

第二步：确定评估标准

评估标准的描述需要客观、易于理解，并需要让描述在全体评估者中形成一致的理解，必要时集中评估者当面释疑评估标准，也可以在盘点前期的培训中进行。

例如：

● **潜力的评估标准**

在进取心、敬业度和能力三方面进行评估，使用3分制。三项分数之和小于等于4的为低潜力（1）；

等于9的为高潜力（3），介于4到9的为中潜力（2）。各项评估的描述是：

进取心：在日常学习、专研、想法和抱负、积极向上等方面的表现——高（3分）、中（2分）、低（1分）；

敬业度：在热爱公司、认同公司文化、工作承诺、工作执行力等方面的表现——高（3分）、中（2分）、低（1分）；

能力：在胜任本职或跨岗位工作能力方面的表现——高（3分）、中（2分）、低（1分）。

- **离职风险的评估标准**

由家庭因素和职业因素两项组成，其中有一个是高（3分）的，离职风险为高；两者均为低（1分）的，离职风险为低；其他分数离职风险为中。评估描述是：

家庭因素：与配偶分居或同住、子女读书地点、自有住房远近、婚恋对象地点等方面的离职隐患判断——高（3分）、中（2分）、低（1分）

职业因素：在理想抱负、专业在市场稀缺程度、薪酬在市场的水平、公司内的人际关系、绩效、敬业度、价值观与公司匹配等方面判断——高（3分）、中（2分）、低（1分）

- **业务影响的评估标准**

若员工离职，对企业的目标达成、核心竞争力、替代的难度等方面影响的高、中、低。

第三步：选定评估人

全部的下属和上司以及选定的平级同事、隔级上级、斜线上级。评估者必须是和被评估人有工作关系的，每位员工的评估者人数保持相近，以免产生统计差异。在确定这些原则后，具体的评估者由员工的上司选定。

第四步：调查应用软件的设置

根据调查的原则，在软件后台进行设置，包括显示页面风格、评估标准描述、分数、计算方法等，输出的结果可以是仅显示评估结果数字，也可以根据需要生成各种图表，以备汇报。

第五步：发送调查邀请

由被调查者的上级或人力资源部发出匿名调查邮件链接，收件人为被选定的评估人，以密送的方式发出，并在邮件中提示截止日期。在截止日期之前，再做一次提示。

第六步：整理调查结果

这一步由人力资源部在后台收集数据，将调查结果发送给被调查者的上司，作为评估的重要参考，在人才盘点会议讨论中必要时引用。

## 五、Q12 员工敬业度调查

对于个体员工潜力评估中的敬业度,有相对简洁的描述和评估(见第四章第四节)。但作为企业整体的员工敬业度,需要设计专业的调查问卷,向全体员工发出调查。但在实际上,业界有大量的企业没有实施员工敬业度调查。为了帮助某些读者解决这个问题,本书介绍盖洛普公司的Q12(即12个问题)员工敬业度问卷,可以利用纸质问卷(针对没有电脑账号的员工)或调查软件(针对有电脑账号的员工),匿名发出调查,回收后整理统计和分析调查结果。下面是Q12问卷:

---

**盖洛普 Q12**

1. 我知道上级对我的工作要求。
2. 我有做好我的工作所需要的材料和设备。
3. 在工作中,我每天都有机会做我最擅长做的事。
4. 在过去的六天里,我因工作出色而受到表扬。
5. 我觉得我的主管或同事关心我的个人情况。
6. 工作单位有人鼓励我的发展。
7. 在工作中,我觉得我的意见受到重视。
8. 公司的使命目标使我觉得我的工作重要。
9. 我的同事们致力于高质量的工作。
10. 我在工作单位有一个最要好的朋友。
11. 在过去的六个月内,工作单位有人和我谈及我的进步。
12. 过去一年里,我在工作中有机会学习和成长。

# 第十章

# 著名企业的人才盘点

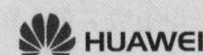

本书的目的是向读者介绍人才盘点的通用模型。为了给读者参考,这一章向大家提供从各种渠道获得的著名中外企业的人才盘点的做法。

这些案例来自专著、学术期刊、互联网等各类平台,其真实性和即时性未经证实,但可以起到一定的借鉴作用。

# 一、通用电气 —— 走下神坛

通用电气的 Session C 的理念和做法被长期大量引用,是国内人才盘点最早、最权威的借鉴来源。

2001年9月,被誉为20世纪最伟大总裁的杰克·韦尔奇离任,杰夫·伊梅尔特接替上任。这个继任的选拔过程被当时的新闻大量报道,很多与人才盘点相关的文章和专著对这个继任选择过程都有详细的描述,将其视为通用电气高级人才继任管理成功的经典案例。

杰夫·伊梅尔特从全盘接手到2017年6月退休,通用电气在16年时间里从财富500强的第8位,跌至第31位(期间曾经有几年名列前茅)。2017年6月约翰·弗兰纳接任总裁,但因业绩不佳他很快在2018年10月被解雇,空降的拉里·卡尔普成为公司新董事长兼CEO至今。这一次的任命打破了通用电气一百多年来一直从内部选拔CEO的传统。

通用电气2001年的营收是1298亿美元,到了2019年是1202亿美元,2018年后不升反降。2018年6月,通用电气被剔除出道琼斯工业平均指数名单。在20世纪创下企业经营管理奇迹的通用电气,现在已经走下神坛了。

最近二十年新科技引发的新经济模式,使通用电气失去了20世纪70年代至90年代的光环。尽管如此,作为20世纪企业管理的思想和实践的引领者,通用电气留下的许多管理方法,仍然影响着今天很多企业的经营哲学。人才盘点就是其中的一个,是通用电气始创,让全世界的企业将人才管理提高到战略高度。

有很多对通用电气走下坡路进行深入剖析的文章,但都没有批评人才管理理念和机制。人才管理的重要地位在这一二十年以来在世界企业中不断被提高,人才盘点理念正逐渐被更多的企业采用。

企业的成败由很多因素导致。一个管理工具和方法的好坏,更多地体现在行业或众多企业是否认可和采纳。例如,杜邦的财务分析体系被广泛应用在企业财务管理中,但杜邦并没有像苹果、谷歌等在世界舞台上大发异彩,同理,阿里巴巴的政委式的人事管理创新,也需要等待企业界的实践认可。

当时通用电气并没有 Talent Review 这个专称。Talent Review 是多年后在美国人才管理界慢慢形成的叫法。有关通用电气人才管理的 Session C 的相关资料,能留下来的比较可信的有以下几个。

1. Session C 在整个通用电气业务系统运作时间线中的位置(如图10-1)[1]

---

[1] 摘自《人才盘点:创建人才驱动型组织》第2版,作者:李常仓,赵实。

**核心业务流程**

```
       Session D:   Session C:              S-Ⅱ
GE意见  合规评价    组织          增长策略   运营计划  C-Ⅱ
调查               与人才盘点              人才盘点  跟进计划
                                           跟进

  2月        4月        6月        8月      10月       12月
1月      3月        5月        7月        9月     11月

全球领导力                                公司高级
  会议                                    职员会议
            全球执行   全球执行   全球执行          全球执行
            委员会     委员会     委员会    SEB     委员会
                                           会议
```

**领导力会议**

图 10-1 通用电气业务系统运作时间轴

图中显示，Session C 组织与人才盘点，是在 4~5 月进行，C-Ⅱ 跟进计划是在 10~11 月进行。

2. Session C 的内容

拉姆·查兰在 "The Secret of Session C"[①]（Session C 的秘密）一文中对 Session C 有所描述，笔者将这部分翻译如下：

很多人知道 Session C，即通用电气每年以深入对话方式，去评估领导力资源如何匹配公司业务方向。但实际上 Session C 的内部流程几乎没有人知道。它被称为"协同评估"，是通用电气评估 CEO 候选人最强有力的评估工具之一，也帮助那些后起之秀评价他们自己。

每年通用电气选出 20 到 25 个可能成长为 CEO 或高级功能部门领导的人，每一个人和自己的业务单位之外的 2 个人力资源部门负责人一起，坐下进行 3 到 4 小时的会谈。人力资源经理们追踪这些新生领导的成长，从早期孩童时代开始（从何处长大，父母如何影响他的思维类型，早期的价值观

---

① 发表于 2005 年 2 月的《哈佛商业评论》上的文章《Ending of the CEO Succession Crisis》（CEO 继任危机的终结）。

是什么）一直到最近的成就。然后在组织内部和外部展开一个彻底寻找事实的工作，包括360评估、大量背景查核，和上级、直接下属、客户和同事会面了解。协同评估是尽量避开心理学的方法，关注业务中的考察、可衡量的绩效。

所有这些努力，生成一份15到20页的文件，文件中详细计划未来几十年高潜力者的工作和发展。这份报告虽然对未来可能的领导有许多赞誉，但也详述需改善之处。这份报告也发给当事人的业务领导和业务单位的人力资源经理，而集团总的董事长、三个副董事长以及高级人力资源副总裁比尔·康纳迪都会很需要这份报告。康纳迪说："我通常等工作日最后的时刻去读一份报告，因为需要一个小时左右。你会在这个过程中发现有关人的非常有趣的事情。"

协同评价是如此深入，只有最靠近最高管理层的人才可以参与。但通用电气也鼓励业务单元组织他们的小范围的同样的活动。

这个过程不仅提交了后起之秀的一面镜子，也拓宽了他们的人际支持网络。为了确保客观性，利用了当事人业务单位以外的两个人力资源经理，并给有前途的新星派了两个新的导师和两个现状检查者。康纳迪说："如果在职业生涯中有些不太对劲的事情突然出现，而你想向外人求助调整，你可以打电话给其中一人：'你看，每个人都在告诉我挺不错的，但问题却发生了。你能从中看到什么吗？'"

同样是拉姆·查兰，在《破除优柔寡断的文化》[1]中有一段关于通用电气 Session C 的描述，笔者翻译如下：

在 Session C 会议上，韦尔奇和通用电气的高级人力资源副总裁比尔·康纳迪，与每个业务单位的负责人及其人力资源负责人见面，一起讨论领导力和组织问题。

在 12～14 个小时的紧张的会议中，与会者评估了业务单位未来的人才群体和组织优先事项。谁需要晋升、奖励和发展？怎样做？谁没有达标？要求直率表达和执行。大家在对话中不断交换意见，并且离不开业务单位的战略。在每次会议上，韦尔奇通过做笔记来跟进和评估每次对话和行动项目的重要部分。

通过这种机制，挑选和评估人才已成为通用电气的核心能力。难怪通用电气被誉为"CEO 大学"。


3. Session C 的会议议程

在 2007 年的通用电气能源事业部的一份培训 PPT 中，有通用电气的一份 Session C 会议议程，我将这页翻译如下（见图 10-2）[2]：

---

[1] 发表于 2006 年 1 月的《哈佛商业评论》的文章 Conquering a Culture of Indecision。
[2] 作者是 David Lisabeth，时任通用电气能源事业部的组织和招聘主管。

# Session C 议程

1. 业务领导团队
   - 直接汇报人的组织结构图
   - 总体的绩效等级/晋升能力——长官和高级经理
   - 直接汇报人的接替计划
   - 组织结构的调整计划
2. 梯队
   - 总体绩效等级/晋升能力——高级经理
   - 副总裁和高级经理的潜力
   - 多样性表现和趋势
   - 挽留措施
   - 六西格玛职业路径
   - 培训提名
3. 倡议
   - 商业优化
   - 全球化
   - 简单化
4. 文化
   - 通用电气的价值观
   - 职业生涯"深度"
   - 总部公民权
   - 通用电气意见调查结果和优先事项

会议议程视业务的具体需要而个性化

图 10-2 Session C 议程

这一页中，宣称"会议议程视业务的具体需要而个性化"，意味着 Session C 是可以有针对性地进行微调的。

从通用电气比较确信的公开资料来看，有几点总结：

● 并没有一致且非常详细而规整的 Session C 的流程指引。主要原因首先是企业的内部资料不宜公开，其次是 Session C 是在一个不断发展、自主灵活性较高、没有统一固定的模式的企业中，如果想通过通用电气的资料去抄一个详尽的流程，是不现实的。

● Session C 聚焦于人才继任和人才发展，并无其他职能；这和本书的主张是一致的，人才盘点不应涉及不必要的工作任务。

● Session C 是通用电气顶级的战略流程之一，和长期战略（Session I）、短期战略（Session II）、合规战略（Session D）并列。放眼国内，并未见很多企业将人才盘点放在如此重要的地位。

## 二、微软 —— 停止人才盘点[①]

2014 年，微软时任 CEO 史蒂夫·鲍尔默决定停止公司的人才盘点流程（微软内部称为 People Review），因为他认为"没有产生任何价值"。

据说原来微软的人才盘点流程给很多人创造了"巨大的紧张能量"，诱发"数字分析的焦虑"。这和国内一些大张旗鼓地用复杂流程、数据收集分析的人才盘点做法很相似。

微软新 CEO 萨提亚·纳德拉在 2014 年上任，同年底首席人力资源官凯瑟琳·霍根履新。霍根说，从过去的错误中学习的收获，是投资将来的关键因素。她决定将原来的人才盘点流程进行修理，由 "People Review"（人员盘点） 改版为 "Talent Talks"（人才对话）。

微软一直秉承的是永久的学习和成长的理念，在纳德拉的领导下，更注重公司里的个人和组织现时和未来的需求。凯瑟琳·霍根推行 "Talent Talks" 的第一年的主题，是处理组织的多样性和继任计划。获得成功后，在第二年增添更多的主题，到现在已经形成了全面缜密的人才讨论方法。

Talent Talks，不是一年一次的集中会议，而是经常性的短时间和 CEO 一起进行的人才讨论。这样做的理由是，人才问题应该在所有时间内都思考。Talent Talks 的框架围绕着几个目的：候补人才的优势辨识、外部人才的状况、继任计划的评价、人才进出流动的回顾。

在进行 Talent Talks 讨论时，参与者是纳德拉、霍根、部门/事业部的高级领导、HR 伙伴。他们一起探讨部门/事业部的领导者的直接下属、继任计划、人才、继任者的优势，是否有外部的人才可以引进。同时也讨论各层次人才的招聘、评价人才的净流入、外部竞争者影响、团队内部人才离职的影响和继任应对。如果确认了潜在继任者，部门/事业部的领导会询问该人才是否对继任感兴趣，而不是假设性地将他/她放在继任名单上。

霍根说，没有和继任者沟通而仅仅将其名字放在名单上，是错误的做法。霍根将这个观点带到 Talent Talks 中，确保领导所建议的继任计划是真实的，这是一个面向未来的方法，帮助公司避免盲目选择，也有益于鼓励培养人才的职业发展。

不难看出，微软的 Talent Talks 比人才盘点流程简洁多了，目的指向也非常直接和简单。

---

[①] 本节摘编自 https://hrexecutive.com，Microsoft Reveals the Secrets to Superior Succession Planning，作者：Danielle Westermann King，2018 年 7 月。

## 三、联想——述能会和圆桌会[1]

从目前公开的资料看,联想集团是国内最早(2003年)开展人才盘点的企业。自从在2005年收购了IBM的PC事业部成为全球领先的PC制造商之后,联想已经成为一家国际公司。然而,和通用电气类似,联想集团的发展没有和这近二十年来的科技进步相匹配。联想2010财年营收216亿美元,2019财年营收约504亿美元,9年间增长2.3倍。BAT(百度、阿里巴巴、腾讯)同时期的营收增长,百度是从23亿美元到154亿美元,增长6.7倍;阿里巴巴是从8.1亿美元到538亿美元,增长66.4倍;腾讯是从29.6美元到539亿美元,增长18.2倍。

然而,这些数字不影响联想在人才盘点实践上的借鉴意义。笔者从各种资料(包括文献、自媒体文章和联想内部员工的分享)所了解到的联想人才盘点,做统一总结:

● 在联想,人才盘点被称为组织机构人力资源计划。它大体分为组织盘点和个人盘点两部分。组织盘点是放在个体人才盘点前进行,包括上一年组织人员发展状况回顾,对组织架构、人才现状、继任计划,人才晋升、组织和人才发展方案等进行细致的讨论和研究。

● 联想的人才九宫格如下(如图10-3),是以能力和业绩作为纵横维度来衡量人才的。

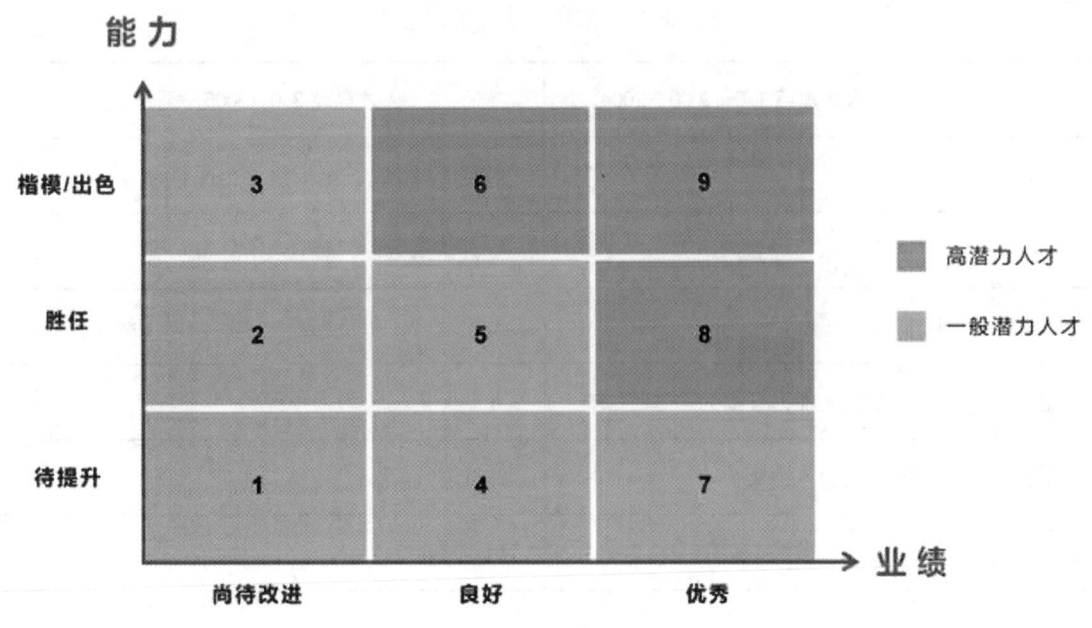

图10-3 联想的人才九宫格

---

[1]本节图文摘编自《人才盘点:创建人才驱动型组织》第1版,第2版,作者:李常仓,赵实;百度文库《联想人才盘点》;《联想如何盘点组织与人才》(人力资源智享会),作者:王瑜。

- 联想在人才盘点中比较著名的是述能会、圆桌会、VP 和 CEO 的跨级对话、人才发展反馈等。

述能会是对总监级以上的管理领导者的能力进行总结和分析的会议：被评价者的下属和同事，给出自己的定性评价；被评价者的上司发表自己的意见，总结所有的评价，征询他人的同意；被评价者的上司将定性的评价建议写进评价表。

圆桌会是优秀能力者（被评估者不参加）进行的业绩和潜力的评价：对个人业绩、能力和发展潜力的全面盘点，明确谁表现突出、谁有问题、谁能够提高和成长，挑选最有能力的；针对不同业绩/潜力的干部，制定相应的发展措施，提升干部能力；核心班子对下属的认识达成高度认识，建立梯队干部队伍。

跨级对话和人才反馈，是在盘点中表明具备高潜力的副总裁及以上人才，都需要完成一次全球高管的发展反馈。发展反馈是由来自与本人不同的其他业务单元的三位高级副总裁作为小组成员与该副总裁做面对面的交流，主要交流个人在工作中的困惑和个人的未来职业发展。

- 在流程上，联想使用的是自行设计的标准表格工具，包括的信息有：组织的架构和人员信息、直接下属管理者的能力评价、直接下属管理者的继任者情况、高潜力人员库和组织发展改进计划。

- 联想将高潜的比例设置在被评估员工总数的 20% 以内，在校准这部分员工时，不仅需要所在组织负责人、HRBP 参与，还需要邀请平级相关负责人参与其中并给出建议。最终的人才盘点结果，后续将会产生一系列重要决策，包括关键人员的调整、晋升、轮岗、外派以及组织结构的调整等。

- 联想集团在人才盘点上历年来的变化（如表 10-1）：

表 10-1 联想人才盘点的变化

| 维度 | 人才盘点 1.0（2000—2004） | 人才盘点 2.0（2005—至今） |
| --- | --- | --- |
| 战略背景 | 联想分家，业务增长乏力，尝试多元化 | 并购 IBM PC，全球化，全面整合 |
| 关注点 | 重点在如何更有效地区分人才，与组织的关联不大 | 提升组织效能，整合文化，统一思想，加速培养 |
| 人才盘点范围 | 所有干部都参与 | 有所取舍，重点在高级总监及以上级别的人才 |
| 盘点维度 | 业绩+能力+潜力 | 业绩+能力+潜力+经验 |
| 盘点会议 | 述能会+圆桌会 | OHRP |
| 盘点结果运用 | 晋升+发展+潜励 | 组织效能优化 |

评：联想的人才盘点的做法流程环节较多。对于有实力的、有条件进行个性化管理的大企业来说，是有参考价值的。在人才盘点方面，所需确定的各种因素较多，这对于绝大多数的企业来说，比较难模仿。尤其是述能会、圆桌会，这两个会议对于多数普通企业来说，负荷偏重。

## 四、京东 —— 信息化的人才盘点[①]

京东是中国自营式电商企业，成立于 1998 年，目前主要业务板块是物流、零售和数字科技，2019 年销售收入 5769 亿元，有 22 万名员工。以下是从各种渠道摘选的京东人才盘点内容。

- **信息化转型**

京东集团员工规模快速扩张，从 2013 年的近 3 万人迅速增长至 2017 年的 13 万余人，如果人才盘点是在线下进行，收集信息会困难，沟通成本将会比较高。2016 年，京东搭建了智能化的人才管理系统，人才盘点系统首次上线使用，覆盖员工上万人，线上召开 700 余场盘点会，2800 余盘点人线上撰写盘点资料。

HR 在线上创建组织盘点会，所有资料及九宫格分布在现场系统直接调整确认，盘点会结束后一键录入现场所有评价记录，九宫格审批及确认全部系统完成。这样做节约了大量线下运营组织的人力成本和时间成本，提升了盘点参与者及组织者的用户体验。2017 年，360 度评估项目的评价关系收集流程上线，评价对象上万人，员工线上填写、直接上级审核、HRBP 确认，减少线下收集的时间成本。

- **盘点流程**（见图 10-4）

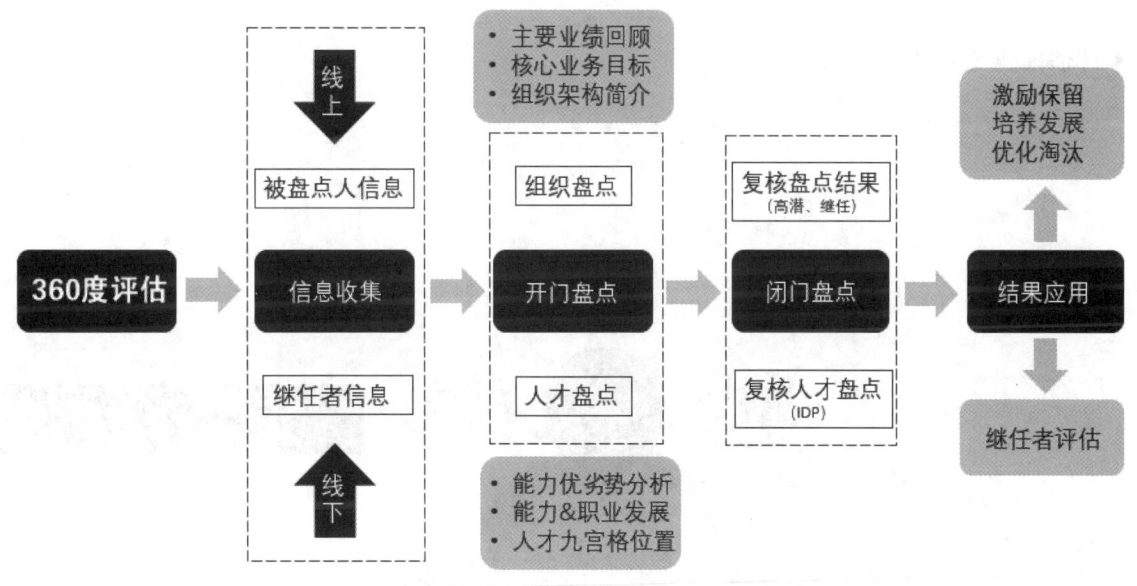

图 10-4 京东的人才盘点流程

---

[①] 本节图文摘编自公众号"HR 能量场"，《互联网＋新标杆！京东 22 万员工人才盘点大曝光》，作者：胖牛先生，2020 年 6 月；http://www.beisen.com/customer/122.html，《京东集团 - 从人才管理系统构建到无边界人才共享》，来源：北京北森云计算股份有限公司。

- **盘点内容**（见图 10-5）

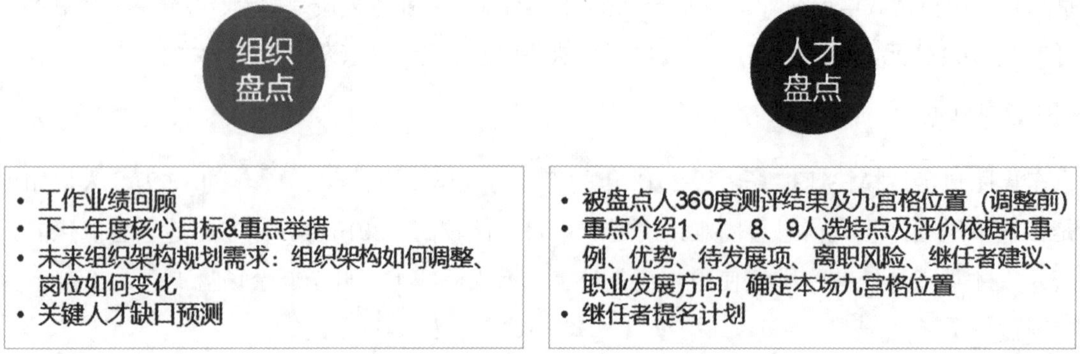

图 10-5 京东的人才盘点内容

组织盘点：
- 工作业绩回顾
- 下一年度核心目标&重点举措
- 未来组织架构规划需求：组织架构如何调整、岗位如何变化
- 关键人才缺口预测

人才盘点：
- 被盘点人360度测评结果及九宫格位置（调整前）
- 重点介绍1、7、8、9人选特点及评价依据和事例、优势、待发展项、离职风险、继任者建议、职业发展方向，确定本场九宫格位置
- 继任者提名计划

- **评估模型**（见图 10-6）。

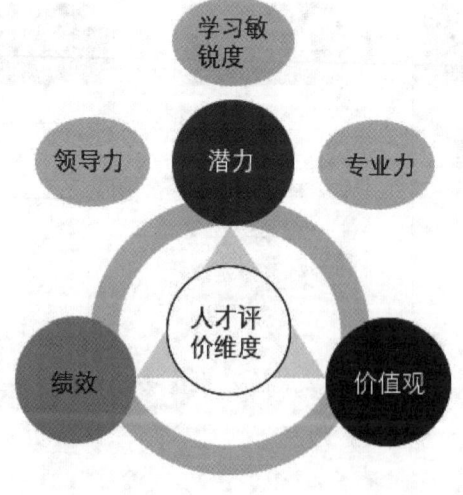

**潜力和绩效**：是公司人才盘点工具"人才九宫格"的两个重要衡量维度，是定位人才的重要依据

一体两翼"T"型文化价值观 – 正道成功、客户为先、只做第一

**价值观**：是公司人才评鉴的基础，作为限制性条件，低于4分，原则上不允许进入高潜，特殊情况可特殊说明

图 10-6 京东的评估模型

价值观是人才评鉴的基础,作为限制条件拥有一票否决权;绩效和潜力是定位人才的重要依据。绩效主要为季度/半年度/年度绩效,以当年度为主,参考上一年度。潜力主要考察领导力、专业力和学习敏锐度(参考360度评估结果),其中学习敏锐度占比50%(类似于Korn Ferry的模型),领导力和专业力根据所在序列(P/T,M)不同占比不同。

为了让高潜人员感受到公司对他们的重视,增加荣誉感及成就感,驱动高潜本人发展激情,高潜项目组大胆地在公司内部大力宣传高潜及高潜项目,隆重召开高潜人员开营仪式,现场邀请各副总裁以及人力资源副总裁等高层,为高潜人员讲解公司对高潜的关注以及未来高潜在京东的发展之路。

- **360评估**(见图10-7)

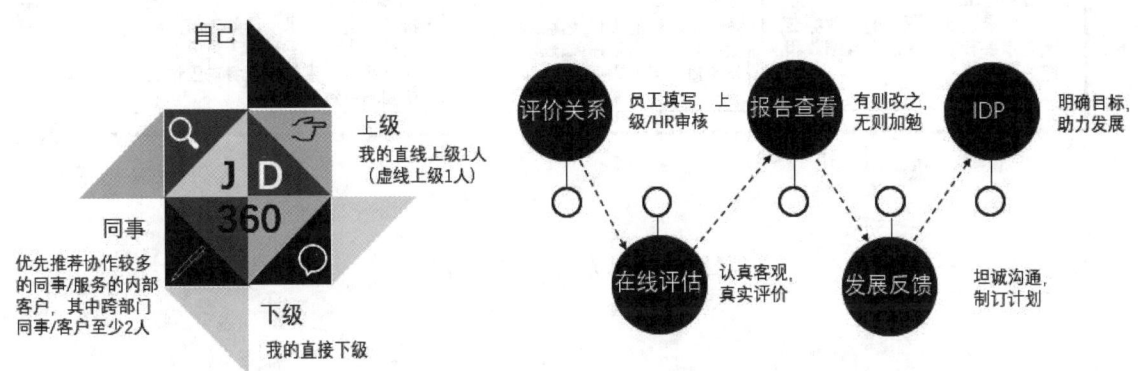

图10-7 京东的360度评估

360度评估是一种背对背评价,面对面交流的机制。从价值观、领导力、专业力和潜力四个方面邀请员工本人、上级、下级、同事对员工给予全方位客观的评价。评价关系由员工本人自主填写,上级确认,HRBP审核。

- **线下盘点会议和九宫格**

除了线上整体盘点,还有线下对管理者、核心岗位、高潜人员的开门盘点和闭门盘点。

开门盘点,即圆桌会议,根据ABC原则,隔上级(A)为观摩人,直接领导(B)为盘点人,在主持人的引导下,根据被盘点人(C)的绩效和潜力,参考360度评估报告进行盘点,最终由观摩人审核,确定本部门的高潜人员以及其余人员所处的位置。盘点是以九宫格评分的方式进行,操作过程严格按照机制公平、流程透明的要求执行。在对副总裁进行盘点时,需要所有高管共同讨论才能决定他是否真正具备某项能力。

闭门盘点:由观摩人、盘点人、HR相关人员提取被盘点人的档案数据,根据被盘点人的绩效和潜力确定九宫格位置。以下是京东的人才九宫格(如图10-8):

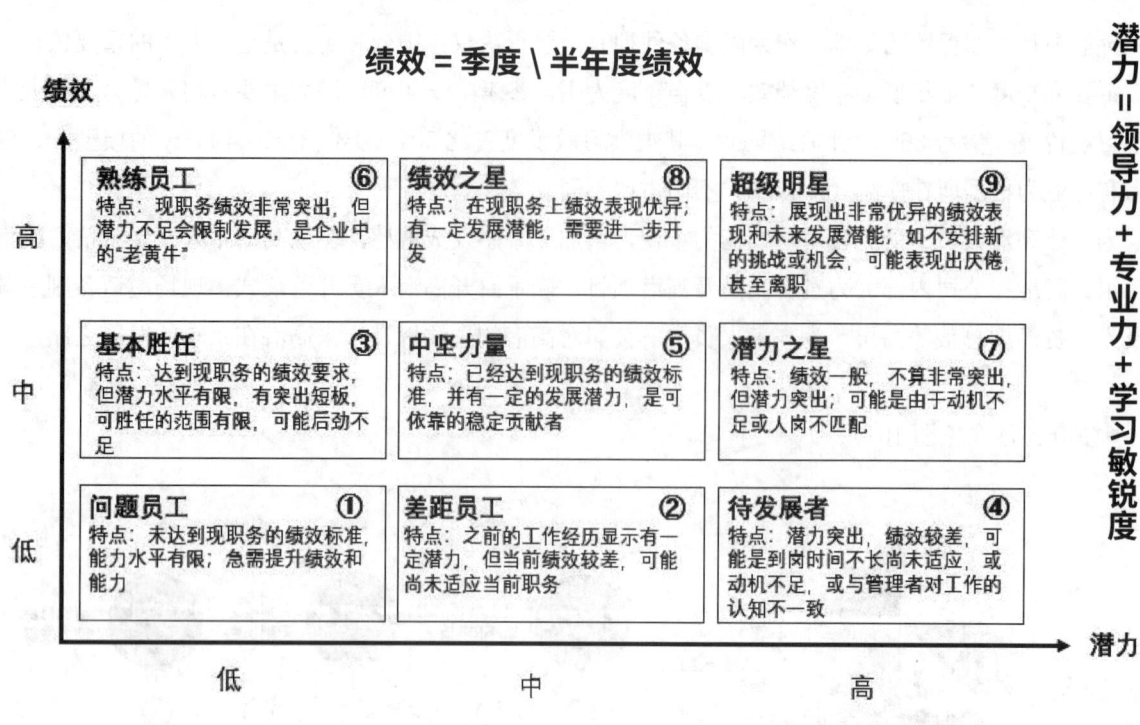

图 10-8 京东的人才九宫格

● **盘点后的人才发展**

盘点会议产生的高潜人才每年都会加入公司精心设计的培养过程中，让他们的能力根据公司战略发展方向以及他们的发展意愿快速地成长。京东的高潜培养周期为一年，基本按照 ACS 模型提升能力。

A（Assessment），自我认知测评，深度了解自我，整个培养项目前期通过测评工具的介入，使高潜人员了解自我冰山下的个性、价值观、自我形象、动机等，明确了发展哪部分能力更能帮助自己以及组织绩效提升，也为自己制定了未来的领导力发展计划与方向，与他们的直接上级及隔级上级也达成了发展共识，未来通过组织对高潜发展的盘点，督促了高潜及其管理者。

C（Challenge），设计更有挑战的培养内容，让高潜从中快速成长。在为期一年的培养项目中，除了拔高的课程培训内容外，公司高层给高潜人员设计了很多有挑战性的项目，如将高潜直接派至海外市场负责某地海外业务开拓，如跨业务发展，带领更大的团队，全面管理起区域的业务。

S（Support），京东高层及人力资源给予大力支持，投入人力，财力等资源或者平台进行高潜培养，促进整个培养流程的顺利进行，使高潜的能力快速提升。

评：京东人才盘点是很好的人才盘点信息化的例子，尤其是对某些大企业很有借鉴意义。它的人才盘点后续措施也颇具特色。要注意的是，京东是做组织盘点的，而且还有线下盘点会议。

## 五、华为 —— 公开信息欠完整[1]

华为技术有限公司成立于 1987 年，聚焦 ICT（Information and Communications Technology，信息与通信技术）基础设施领域，在全球 170 多个国家设有分公司或代表处。2019 年营收 8588 亿元人民币，员工总数 19.4 万人。

笔者没有找到华为人才盘点的全面参考信息，目前公开的只有在各种网络媒体上反复出现的一篇资料。这篇资料的信息系统性不强，尚有不明确之处。笔者将其要点罗列并评论（加括号为评论）：

● 人才盘点是为了传递企业核心价值观、匹配公司业务战略、树立正确的价值导向、提升企业员工效率、营造健康氛围，最后才是梳理员工发展体系。

● 华为常用的人才盘点工具有四个：绩效潜能矩阵（即十六宫格图）、学习力（潜力）评价表、工作量分析及效能提升表、岗位匹配度矩阵。

● 华为的十六宫格图如下（如图 10-9），以绩效考核和素质评估作为维度，分别有四个等级。

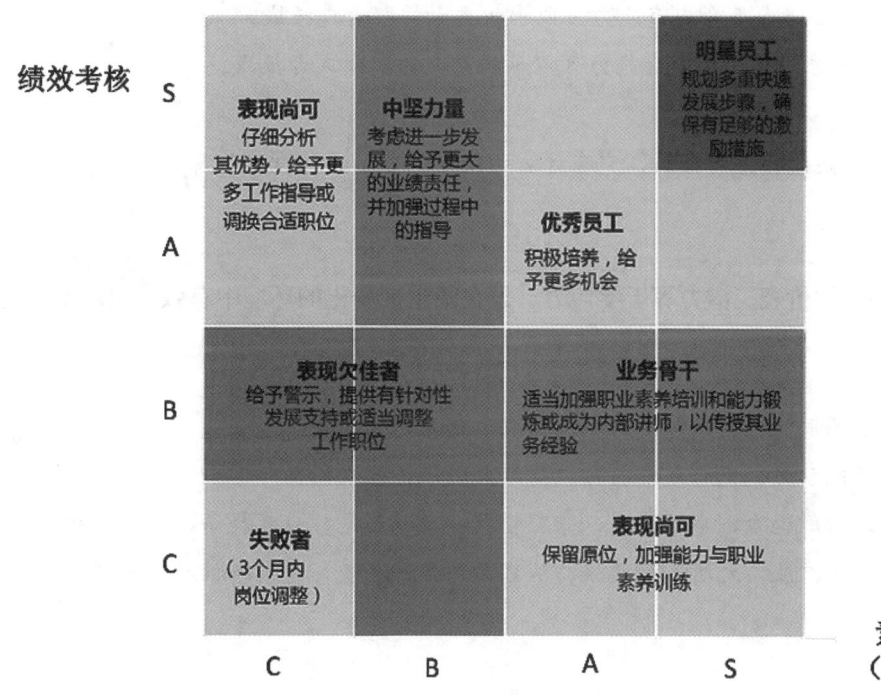

图 10-9 华为的十六宫格

（评：素质评估的具体标准是怎样，如何评，没有进一步信息）

---

[1] 本节文摘编自 http://www.360doc.com，悟文汇粹，《人才管理标杆分享 | 10 张图看懂大厂 HR 如何进行人才盘点（华为 / 腾讯 / 京东）》，2018 年 1 月。图摘编自 http://www.360doc.com，《华为版人才盘点，听磊哥的！》，出品：HR 实名俱乐部，作者：张磊。

- **华为的绩效潜能矩阵的使用原则：**
  - ◆定期检查，一般年度组织开展，多放在年度绩效评价后1～2个月内进行
  - ◆主要审视绩效贡献和素质评估，也可以审视潜力
  - ◆方格图的作用人群规模建议大于40人
  - ◆直接上级确定方格图位置时，需要与下属进行一对一沟通
  - ◆方格图的结果及应用需要经过至少两级审核

（评：审核潜力的陈述不清晰，如何既审视素质评估，又审视潜力？）

- **关于潜力：**
  - ◆S（高潜力）——在1年之内有能力可以承担更大的职责或挑战；
  - ◆A（中潜力）——在2年之内有能力可以承担更大的职责或挑战；
  - ◆B（低潜力）——在3～5年内有能力可以承担更大的职责或挑战；
  - ◆C（无潜力）——未看到几年内有能力可以承担更大的职责或者挑战；

（评：潜力并没有显示在九宫格里，它在什么时候用，如何用，没有信息）

- **学习力（潜力）评价表**。潜力等于学习力，是在陌生或变化的环境中有效应对的学习能力。高潜力分为四种：
  - ◆变革敏锐力：永不满足，引入新的观点，热衷于创意，领导变革
  - ◆结果敏锐力：高能动力、克服万难，打造高绩效团队，激发团队
  - ◆人际敏锐力：政治敏锐力、卓越沟通、冲突管理、自我察觉、自我提高、善于组织
  - ◆思维敏锐力：视野广泛，无所不用其极，从容面对各种环境，清晰解读思考内容

- **华为内部有一个潜力测试表格，对人才的潜力进行评估和测试**（如图10-10）：

从思维、变革、结果、人际理解四个方面，分别做出五个维度的划分，每个维度可以打1—5分。根据总得分，20分及以上、14～19分、8～13分、7分及以下给出高、中、低、弱潜力的评价。

（评：所描述的5个潜力的名称，和评价表的表述不完全一致）

| 学习力 | 思维心智 | 人际情商 | 变革创新 | 结果导向 |
|---|---|---|---|---|
| 能力 | 在相关领域有较强的专业能力和视野 | 对于人际关系有较高敏感度 | 不满足于现状，持续改善 | 有较强的自我驱动力和能动性 |
| 得分 | | | | |
| 能力 | 具有解决问题的有效方法 | 能够通过交流有力地影响他人 | 愿意迎接挑战，不轻易放弃难点 | 愿意付出足够的努力，能吃苦耐劳 |
| 得分 | | | | |
| 能力 | 从容面对复杂模糊的环境 | 能够倾听和接纳不同意见和负面反馈 | 善于引入新的观点和方式 | 具有较高的绩效标准，并激励团队达成 |
| 得分 | | | | |
| 能力 | 向他人清晰解读思考内容 | 能够自我察觉内在情绪和弱点并自我进化 | 热衷于收集和尝试新的方案和创意 | 激励自己和他人发挥潜力 |
| 得分 | | | | |
| 能力 | 善于发现错误和并将此视为改进机会 | 善于组织和协调各方资源 | 能够拥抱并推动变革 | 以结果为导向，不拘泥于方式方法 |
| 得分 | | | | |
| 总得分 | | | | |

图 10-10 华为的潜力测试

● 关于绩效：

◆ S（卓越绩效）——每次工作都出类拔萃，成为公司甚至行业内的榜样；
◆ A（优秀绩效）——几乎总是能够出色完成任务，是值得信赖的公认的优秀员工；
◆ B（良好绩效）——基本能够较好地完成工作任务，工作表现较为稳定；
◆ C（有待改善绩效）——较常表现为工作业绩未达到要求。

工作定量分析以及效能提升表（如图 10-11）：

| 序号 | 频率 | 性质 | 主要工作内容 | 用时 | 日均小时 | 占日均实际工作量比例% | 结合公司和部门目标实现效率提升的方案 | 调整后用时 | 调整后日均（小时） | 调后占日均实际工作量比例% |
|---|---|---|---|---|---|---|---|---|---|---|
| 1 | 日 | 固定 | 招聘网站信息发布、更新 | 1.0 | 1.0 | 11.9% | 改变发布频率，辅导用人部门明确岗位要求 | 0.5 | 0.5 | 7.6% |
| 2 | 日 | 固定 | 面试 | 5.0 | 5.0 | 59.3% | | 4.0 | 4.0 | 61.2% |
| 3 | 日 | 非固定 | 指导实习生 | 0.5 | 0.5 | 5.9% | | 1.0 | 1.0 | 15.3% |
| 4 | 周 | 固定 | HR周例会参加及准备 | 8.0 | 1.6 | 19.0% | | 4.0 | 0.8 | 12.2% |
| 5 | 月 | 固定 | 劳务派遣公司的结算 | 4.0 | 0.2 | 2.3% | | 3.0 | 0.15 | 2.2% |
| 6 | 月 | 非固定 | 劳务派遣、猎头费用审批、流转 | 3.0 | 0.15 | 1.7% | | 2.0 | 0.1 | 1.5% |
| | | | 合计： | | 8.45 | 100% | | | 6.55 | 100% |

图 10-11 华为的工作定量分析和效能提升表

工作定量分析表可以帮助员工进一步明确工作量和实践分配比例，确定工作重点和可能需要的资源，发现工作效能提升的空间。

（评：这个表的应用超过了一般人才盘点所关注的内容）

● **岗位匹配度矩阵**。岗位匹配度矩阵设计的基本信息维度及盘点思路如下（如图10-12）：

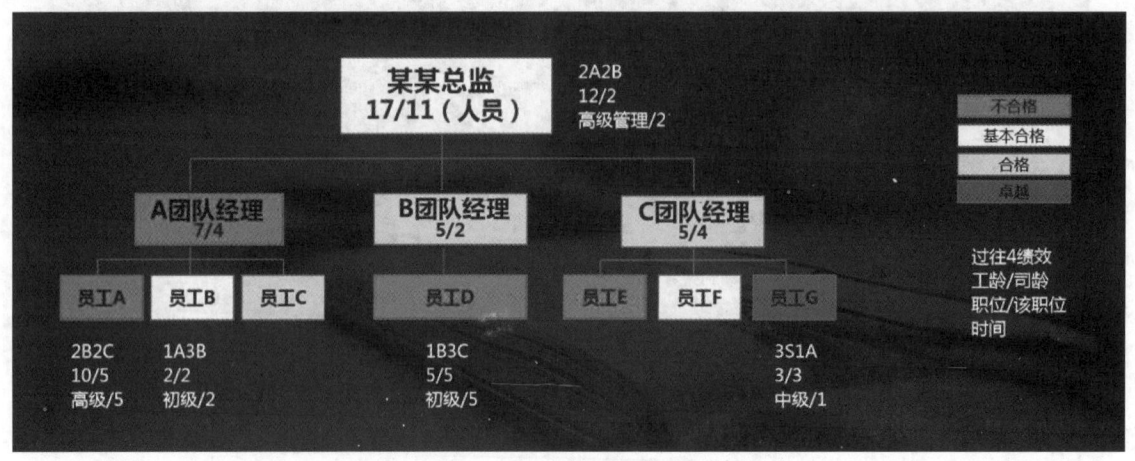

图10-12 华为的岗位匹配矩阵

◆岗位能力满足度：不满足、基本满足、完全满足、超越岗位
◆职级：依据年龄和工龄，综合评价，职级偏低、职级正常、职级突出
◆岗位匹配度：依据职级及岗位梳理，综合判断岗位匹配情况，不匹配或匹配
◆职场年限：指从第一学历开始的总工作年限
◆司龄：在本岗位的工作年限
◆绩效表现：回顾1年以上3次以上的绩效评估
◆薪酬：与对应岗位平均薪酬对比，偏低or达标or偏高
◆上下级关系：审视是否存在非正常的逆向管理逻辑

（评：这张图对任职资格的关注，超出了一般人才盘点的范围，有全面"盘点"的意思。）

总评：华为是国内一家非常突出的企业，它的全球化规模宏大，业务领域进驻全球多个国家，销售收入是BAT（百度、阿里巴巴和腾讯）的总和。它不是上市公司，有着很特别的狼性文化（这点在国内广为人知）。目前在各种渠道所能获取的华为人才盘点的信息资源非常有限，由于华为在人才发展和管理方面与众不同，因而不排除在人才盘点方面和业界有很大的差异。由于为华为提供管理咨询服务的主要是IBM公司，国内很少有咨询公司可以获得机会，所以人才盘点信息对外分享十分有限，本书仅提供网上广泛转载的信息，真实性不能确认，但可以作为讨论启发。很明显，这些做法在实操上对一般企业来说，学习模仿的难度较大。

## 六、阿里巴巴——九宫格是结果[1]

阿里巴巴集团控股有限公司成立于1999年，经营多项业务，包括：淘宝网、天猫、聚划算、全球速卖通、阿里巴巴国际交易市场、1688、阿里妈妈、阿里云、蚂蚁金服、菜鸟网络等。2020年销售收入估计5097亿元，员工总数10.4万人。

笔者从各种网站上的资料中获取阿里巴巴的人才盘点做法，整理如下：

- **人才盘点的时间**：在前一年11—12月开始准备，每年的1月底开始，到1—3月盘点与校准，4—5月盘点后应用落地。
- **核心理念**：对得起好的人，对不起不好的人。奖勤罚懒、奖优汰劣，确保客观公正的评价，给予相应合理的回报；
- **价值点判断**：明确人才标准、摸清现状需要、发掘高潜人才、规划人才发展、整合人力资源；
- **常用工具**：KPI指标库、360度测评、性格测验、述职会议、圆桌会议、深度访谈、组织架构图、公司战略的分析图等；
- **结果报告**：人才测评个人报告、人才测评团体报告、人才发展的规划表、关键人才的继任计划、核心人才发展规划等；
- **人才盘点培训**：结合企业的背景、理念、方式、方案、CEO的期望等，针对参与人才盘点的群体展开培训。
- **人才评价内容**：业绩表现、能力素质、发展潜能。其中，业绩是指过去一年的绩效表现；能力是指过去一年的行为表现（专业知识、管理能力、价值观）；潜能是指冰山下的自我意识、个性和动机状况，预测员工的未来表现。
- **具体职责分工**：CEO/事业部负责人：监督者；总部人力资源部：制度解释者和盘点的专业支持；各事业部人力资源：实施执行；各事业部中层干部：积极配合者。
- **员工基础档案表**：包含个人基本信息（任职经历、评奖惩、绩效等）、员工能力情况（工作经验、经验地图）、个人发展规划、评价（本人、上级、同事等）、上一个阶段的业绩表现等。
- **人才评价体系**：借助外部的测评报告。测评包括能力和潜力两个方面，同时还要与其绩效结合进行分析。人才测评之前需要准备人才的标准，主要包括设定模型、绩效指标；内部还会准备潜力模型，特别重视潜力的评价结果。
- **评价结果的分析与分类是颇具特色的九宫格**（如图10-13）：

---

[1] 摘编自知乎HRGO学堂：《看看阿里的人才盘点，就知道为何他们良将如潮！》，https://www.niaogebiji.com；《阿里前人力高管黄旭：人才盘点的What、Why和How》，作者黄旭；https://www.sohu.com；《阿里巴巴集团合伙人戴珊：如何盘点人才》，作者：酷玩儿。

# 人才盘点——通用模型与模板

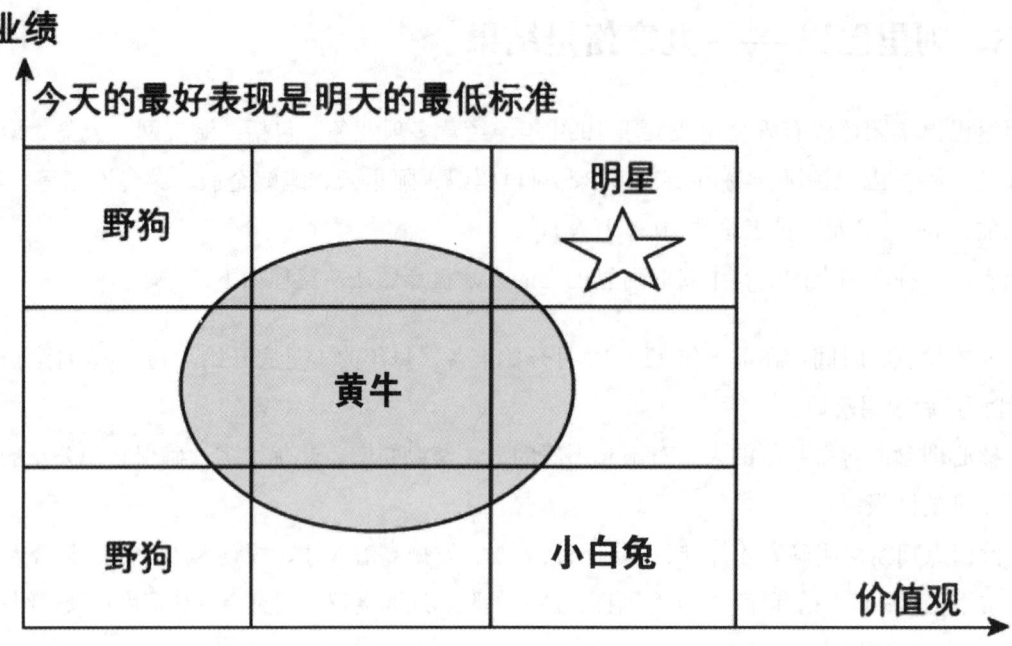

图 10-13 阿里巴巴的人才九宫格

◆明星：指有才又有德的员工，阿里的态度是对明星大胆用。
◆野狗：指有才无德的员工，对野狗限制用。
◆黄牛：指能力差一点但任劳任怨的员工，对黄牛放心用。
◆小白兔：指有德无才的员工，对小白兔不使用。

● 人才盘点后续的动作，最重要的就是要和职级体系相挂钩，即著名的 P/M 职级体系。

评：阿里巴巴的人才盘点体系比较全面，颇具特色的九宫格是盘点的输出结果而不是过程，没有重点呈现人才盘点需要的继任计划。

## 七、腾讯——关注组织和核心人才[1]

腾讯计算机系统有限公司成立于1998年11月，是中国最大的互联网综合服务提供商之一。腾讯提供多元化服务，其中微信已经成为中国人日常生活和工作中黏性很高的社交和支付工具，月活跃用户达12亿，是中国服务用户最多的互联网企业之一。2020年总收入3772亿元，员工人数约6.3万人。

腾讯每年1—2月进行全年盘点，从中心层级到部门层级，最后向高管层总汇报。年中也会做一些回望，对组织、人才的调整可以在8月稍有变化。除了人力资源部的参与，中层干部和CVP会交流组织和人员变动，提前达成共识。

● **人才盘点的概况**：从公司使命/愿景出发，传导公司组织战略和经营策略，通过组织能力分析和诊断，对组织和人才进行全面盘点，导出当年的组织架构设计和人才配置规划。

● **人才盘点的理念**：提升组织活力，识别高绩效高潜力人才

● **盘点的目的**：

◆组织机构规划——客观真实地诊断组织现状，对组织战略及匹配的未来组织架构进行提前规划；

◆接班人识别——对现任各层级人才进行识别，同时确保公司关键位置由合适的人才负责，提前找出和培养关键位置的接班人选；

◆提升计划——能针对识别出的各类人才采取相应的后续行动，如培养、晋升、降免、激励等，提升组织活力。

● **盘点的类别分为年度盘点和随时盘点两类**：

◆年度盘点：年度盘点一般开始于12月，结束于次年1月；

◆随时盘点：根据业务发展需要，随时考察和评估人才，使人才评估常态化。

● **盘点的工具**：

◆360度考评：根据腾讯的"帝企鹅"领导力模型，从"正直、激情、好学、开放、人才、产品"六个维度进行360度评估，或者根据腾讯的文化价值观，从"正直、合作、创新、激情"四个维度进行行为评估。

◆绩效考评：从业务绩效和管理能力两个维度，采取自评、上级评估，参照平级评估来确定绩效的五个等级。

◆九宫格：能力的高中低可以根据过往两年的评估结果来赋予分值计算出来，再由管理团队一起校正（见图10-14）：

---

[1] 本节图文摘编自 https://new.qq.com：《人才盘点干货：阿里、腾讯、华为是怎样做人才盘点的》，作者：HR COFFEE社群；https://www.sohu.com：《腾讯人才盘点实践大曝光（附8张内部实操图）》，来源：T家部落。

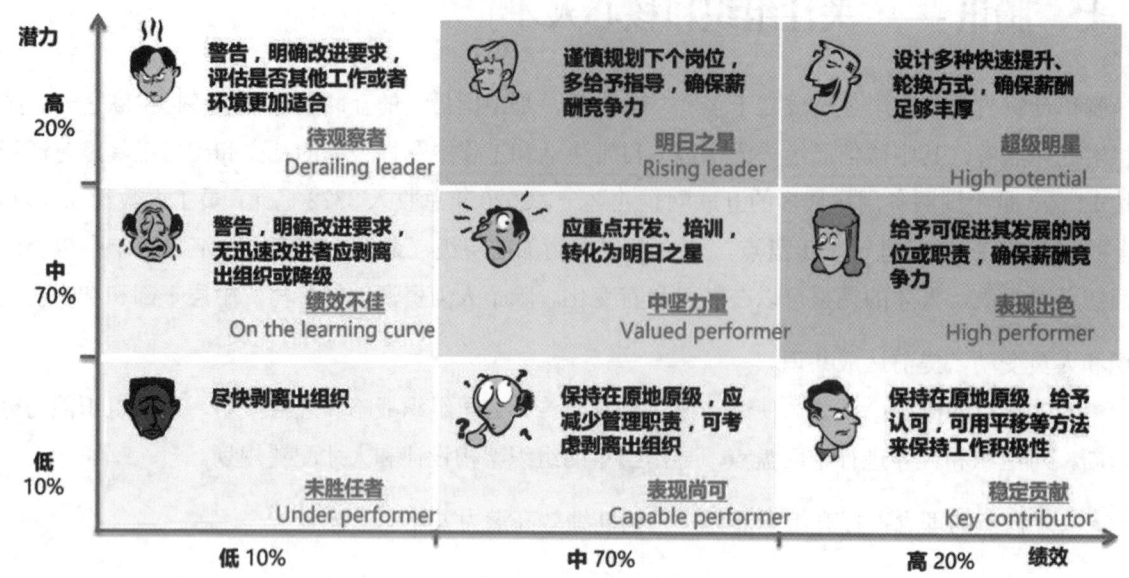

图 10-14 腾讯的人才九宫格

◆ TT（Top Talent）盘点：根据绩效、潜力，对所有人才再进行梯队盘点，将人才分为 TT、第一梯队和第二梯队。

● **潜力的评估**：从人际敏锐力、思维敏锐力、变革敏锐力、结果敏锐力四个维度（Korn Ferry 的学习能力判断）来衡量。

● **盘点程序**：

◆ BG（Business Group）先盘 BG 的人才和盘点由 BG OD 牵头，由 BG HRBP 和 BG 负责人一起先盘点，将人才和基干放到九宫格，然后，再到 CVP 盘点，最后由 BG HRD 和 BG EVP 一起盘点本 BG 的人才和人才。

◆ 集团终盘：集团 COD 负责整体安排和推动全集团的人才和干部盘点，中干以上的盘点由 COD 组织由 BG EVP 向集团人委会汇报，一起确认盘点结果。

● **盘点方式**：

◆ HR 准备材料：包括人员的基本信息、考核结果、360 度评估结果等资料。

◆ 盘点内容：分为组织盘点和人才盘点。BG 部门及以下组织盘点输出组织架构；人才盘点输出基干九宫图和核心人才梯队。BG 级盘点最终输出 BG 组织架构和 BG 中干九宫图以及后备人才计划。

◆ 盘点的输出：组织优化策略和人才 5S 策略。人才 5S 策略是指人才的 Buy、Build、Bind、Borrow、Bounce。通过立项来应用盘点结果，如活水项目、加油站项目和飞龙项目等。

- **后续行动计划**：基于前面的内容输出，包括组织调整、人才调整、人才变动／晋升、其他晋升、培养计划以及招聘计划拟定。

评：总体而言，腾讯的人才盘点有自己完整的体系，关注组织结构和核心人才，盘点后续的人才发展措施落实跟进较好。

## 八、甲骨文线上模块[①]——类同通用模型

甲骨文（Oracle）的 Talent Review（人才盘点）是人力资源模块中的一部分，和世界上其他几个著名的人事系统应用软件类似。在此按甲骨文 Talent Review 的系统功能页面来介绍，从中可知 Talent Review 的设计逻辑原理。

首先是介绍页面（如图 10-15）：

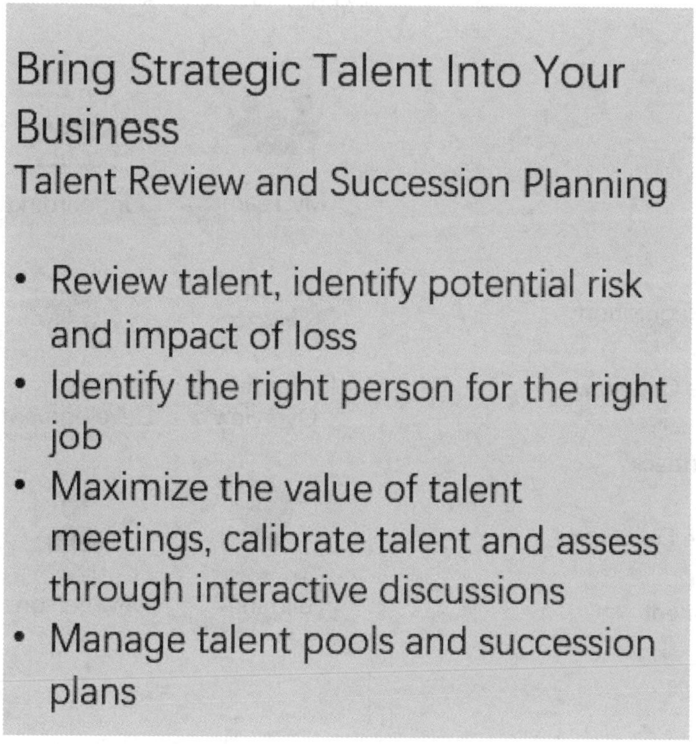

图 10-15 甲骨文模块——介绍页

---

[①] 编摘自甲骨文推介视频：Talent Management: Oracle Talent Management Cloud Solution，2019 年 6 月。

翻译为中文是：

将战略人才带入你的业务——人才盘点和继任计划：
1. 评审人才，识别潜在风险和离职影响；
2. 识别正确的人在做正确的工作；
3. 人才盘点会议的价值最大化，通过相互讨论来校正和评价人才；
4. 管理人才池和继任计划。

以下是对一个经理的账户界面的介绍。经理进入所管理的团队界面，有 Talent Review 子模块（如图 10-16）：

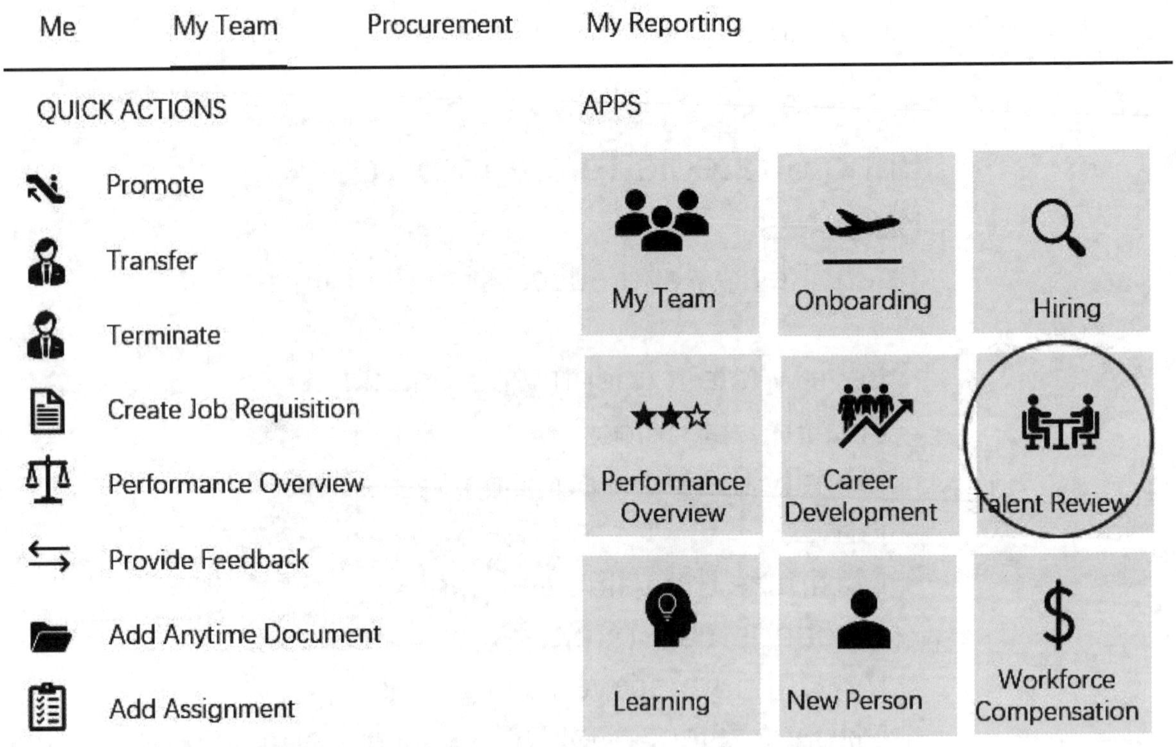

图 10-16　甲骨文模块——Talent Review 页面

在某个下属的名字下，有继任计划（Succession Planning）板块（如图10-17）：

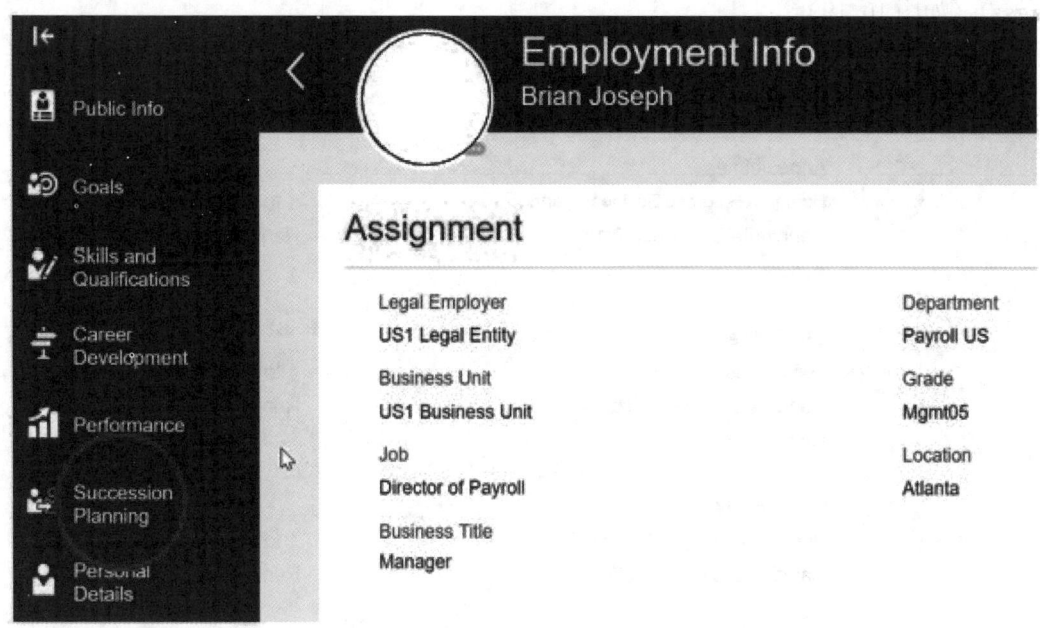

图 10-17 甲骨文模块——继任计划页面

进入继任计划板块，可以看到该员工的继任者候选人（Candidates）（如图10-18）：

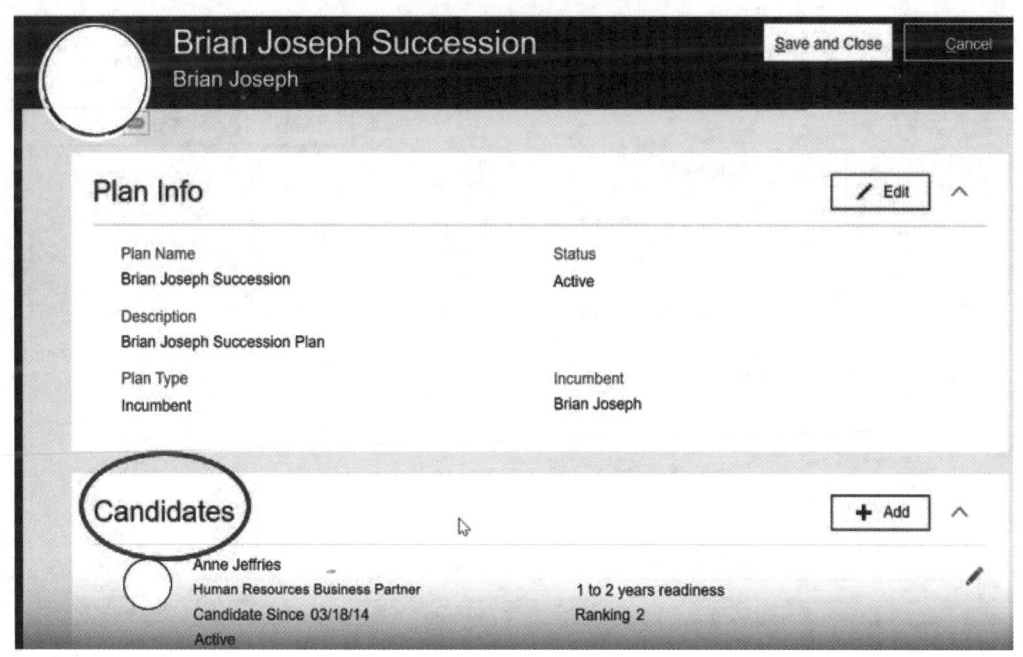

图 10-18 甲骨文模块——继任候选人

有多个候选人，并反映候选人的基本信息，如：职位，何时成为候选人，准备度（1 to 2 years readiness）（如图 10-19）：

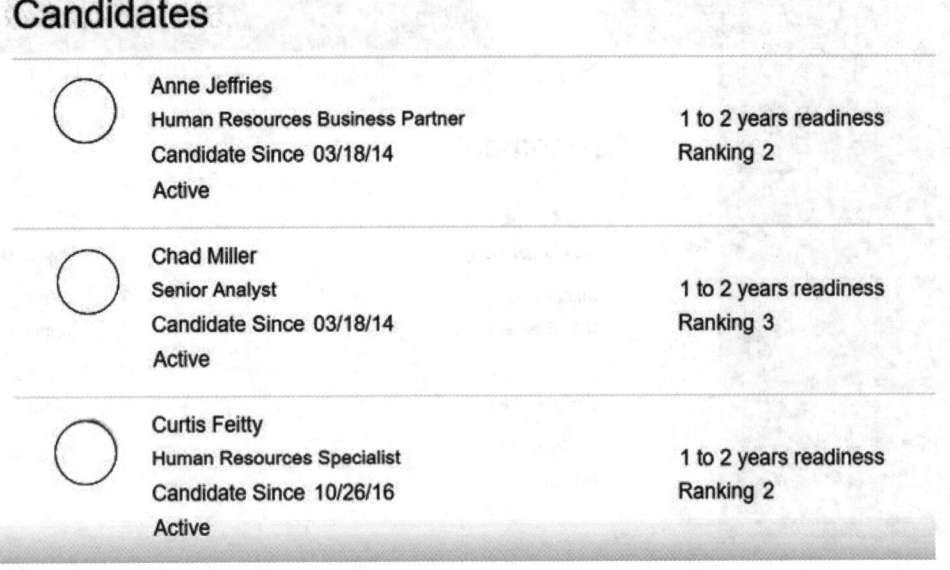

图 10-19 甲骨文模块——准备度

也可以由上级添加或删减、编辑候选人的信息属性（如图 10-20）：

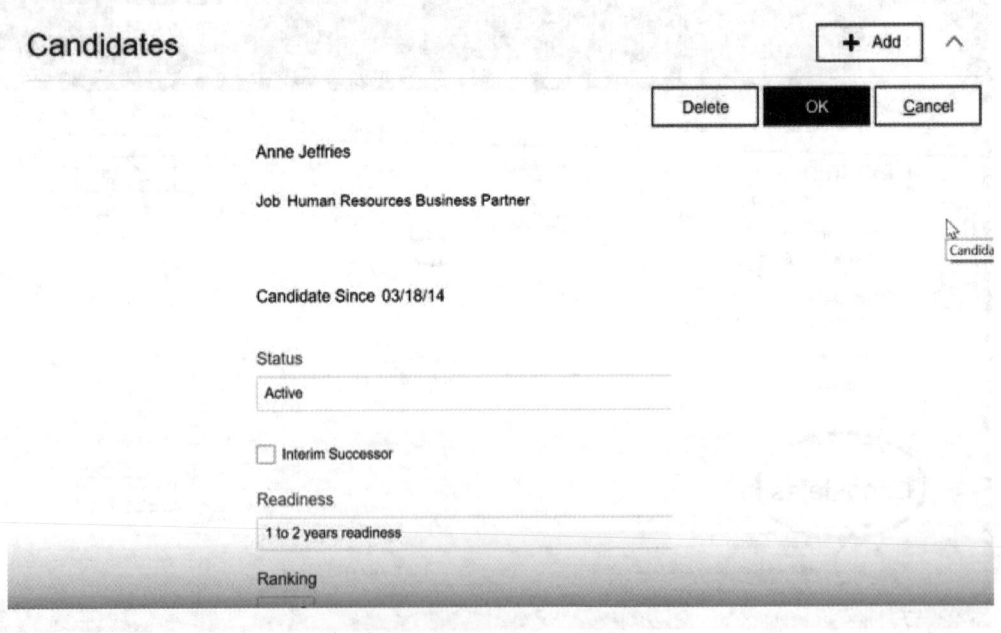

图 10-20 甲骨文模块——编辑候选人

另外，该板块里除了员工的继任计划（Succession Plans），还有该员工自己作为继任候选人的继任计划（Candidate in Plans）及其相应的人才池（Member of Pools）（如图10-21）：

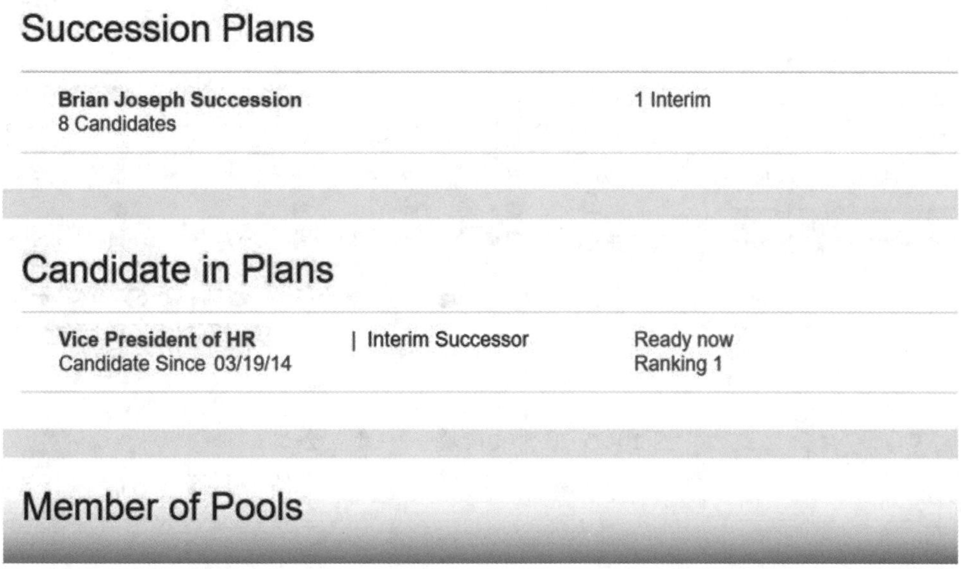

## Succession Plans

**Brian Joseph Succession**　　　　　　　　　　　1 Interim
8 Candidates

## Candidate in Plans

Vice President of HR　　　| Interim Successor　　　Ready now
Candidate Since 03/19/14　　　　　　　　　　　　Ranking 1

## Member of Pools

图 10-21　甲骨文模块——继任计划和人才池

同时，有离职风险（Risk of Loss），离职影响（Impact of Loss），岗位重要性（Job Criticality），用高（High）、中（Medium）、低（Low）来表示，都由上级主观来评定（如图10-22）：

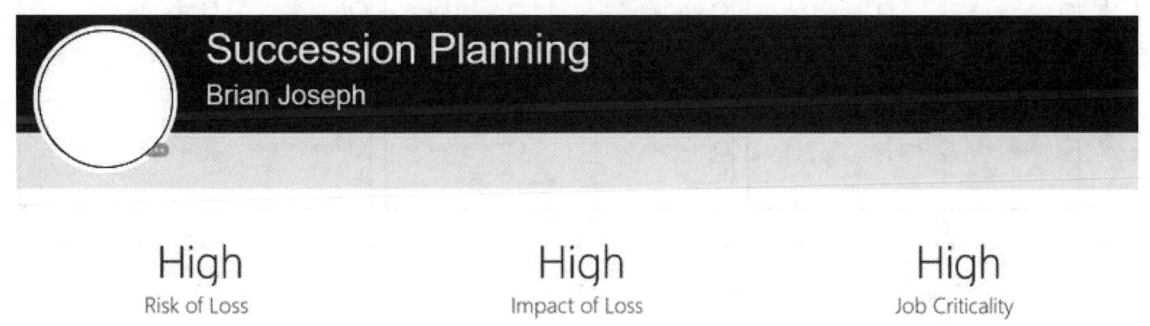

图 10-22　甲骨文模块——人才重要属性

还有很重要的一个板块：人才盘点会议。这里包括时间、流程、内容等，可以跟催、设定等（如图10-23）：

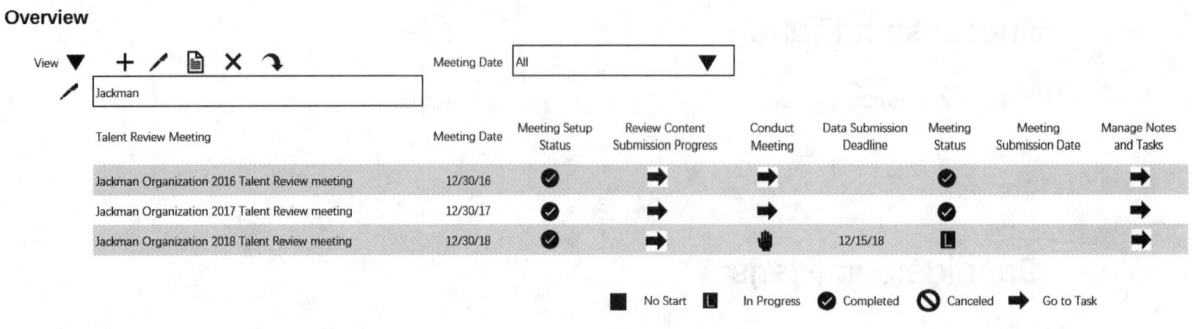

图 10-23 甲骨文模块——盘点会议

进入会议板块，可以看到九宫格，横坐标是绩效，纵坐标是潜力。里面每个人的单元格位置是由上级设定（如图10-24）：

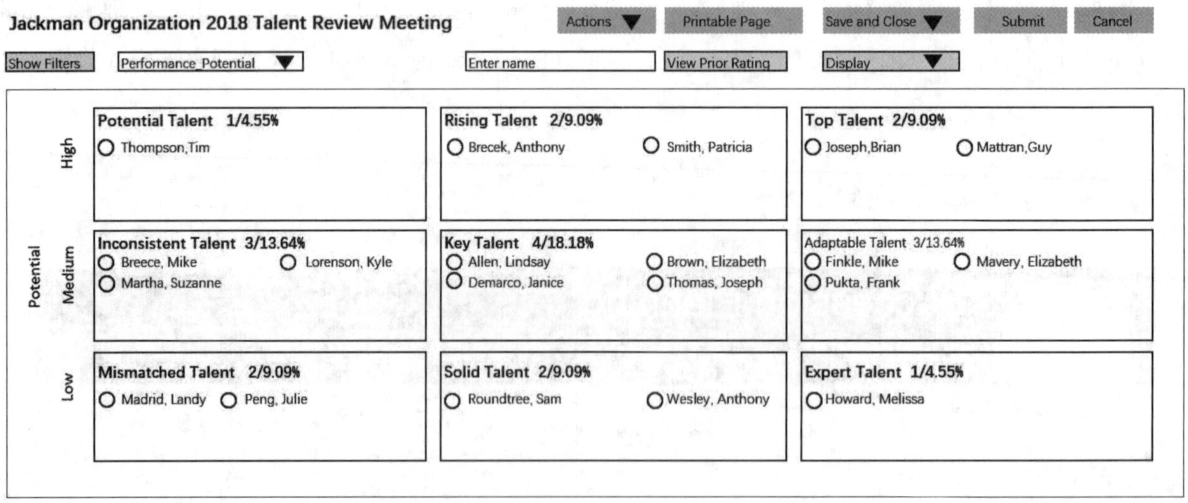

图 10-24 甲骨文模块——人才九宫格

在九宫格里，可以有其他属性选择，如离职风险、离职影响等，通过符号和颜色进行标识（如图10-25）：

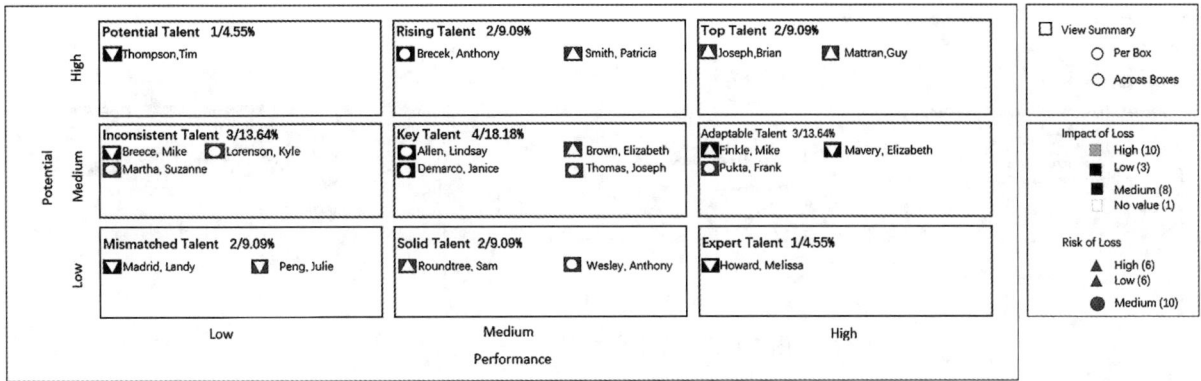

图 10-25 甲骨文模块——人才九宫格员工属性

可为这些人添加任务，如计划会议或人才发展事项等（如图10-26）：

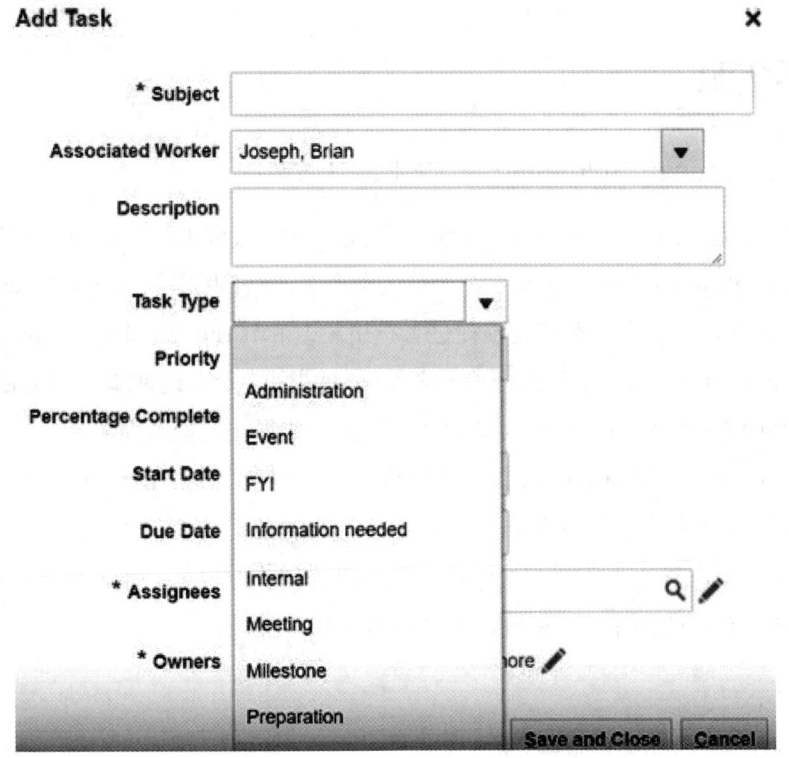

图 10-26 甲骨文模块——任务计划

最后一部分，是在人才池里放人选（如图10-27）：

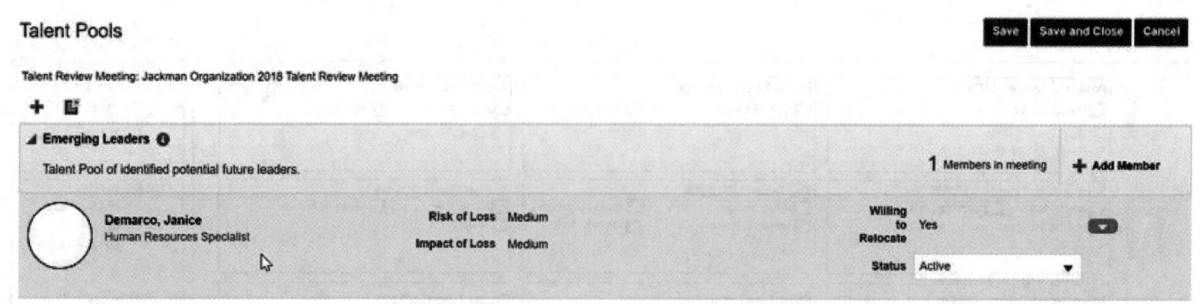

图10-27 甲骨文模块——人才池

本书的标准模型是借鉴甲骨文 Talent Review 模块，包括：流程中使用的是人为的评价和判断打分、人才九宫格的维度是绩效和潜力；需要考虑人才的离职风险、离职影响和岗位重要性、继任计划、人才发展事项。

## 九、业界资源

- **Talent Benchstrength Solutions（人才梯队解决方案）**

这家公司的创建人和所有者是 Doris Sims，是美国专门从事 Talent Review 的专业咨询公司，其网站是：https://Talentbenchstrength.com；专业著作主要有两本：《The Talent Review Meeting Facilitator's Guide》（《人才盘点会议促进者指引》）和《The 30-Minute Guide to Talent and Succession Management》（《人才和继任管理之30分钟指引》）：这两本书目前在中国没有中文版，均有实用性强和高度专注的特点，没有太多的高深理论，值得在实操方面参考。

Doris Sims 所主张的 Talent Review 的关键理念是板凳深度（Benchstrength），认为企业应该像体育竞赛球队一样，有足够的板凳队员，是打败竞争对手的必要手段。同时，以企业的财务指标管理做类比，认为企业应该像其他业务功能一样对待人才绩效和潜力状况，并进行风险预警、提前准备预案等。在企业中推行有效的人才盘点机制，有这些内容和步骤：

- 定义业务需求

- 设定人才目标

- 定义人才盘点人员角色

- 评估人才盘点文化

- 继任决策

- 高潜力决策

- 运用相关工具

- 人才盘点计划沟通

- 人才盘点会议

- 盘点会议后的行动

和绝大多数美国的 Talent Review 的做法相似,没有涉及组织战略、人头数、任职资格、胜任能力模型等,专注于人才高潜力辨识和继任,盘点讨论会是最后的决策。

- **北森人才研究院**

北森是国内著名的人力资源顾问公司,提供一体化的 HR SaaS(Software-as-a-service,软件即为服务)和人才管理平台。其下属的北森人才研究院,有专门的团队研究开发人才盘点,服务为数众多的大型企业,包括本书提到的京东集团。北森出版了《人才盘点完全应用手册》,是国内最详尽和全面介绍人才盘点的著作,除此之外,北森在其自媒体上发表多篇关于人才盘点的文章。笔者认为北森在国内的人才盘点咨询领域内,扮演了带头人的角色。如果要学习人才盘点,阅读北森出版的著作和相关文章,是必不可少的。

北森拥有覆盖全面的人力资源管理咨询资源,因此人才盘点所需的相关支持相对充足,有根基雄厚的解决方案,适合大型企业的人才盘点咨询服务。北森的人才盘点主张是比较全面广泛,颇具深度和广度,可以结合世界最新企业发展形态潮流和人才特性,制定符合企业战略远景的人才策略,并能提供具体的人才管理工具,比如胜任能力模型和人才测试等,更重要的是北森拥有丰富的制定人才盘点方案的经验。

从其官网上,可知北森的人才盘点的解决方案包括以下几个部分:

- 确定目标

- 标准梳理

- 全面评估

- 标准反馈

- 形成地图

- 结果应用

作为咨询服务公司的解决方案，是要确定客户的需求，故此确定目标和标准梳理部分是顺应客户的需求。如果企业本身清晰自己的需求，可以从全面评估部分开始模仿学习。

# 第十一章

# 概念关系图

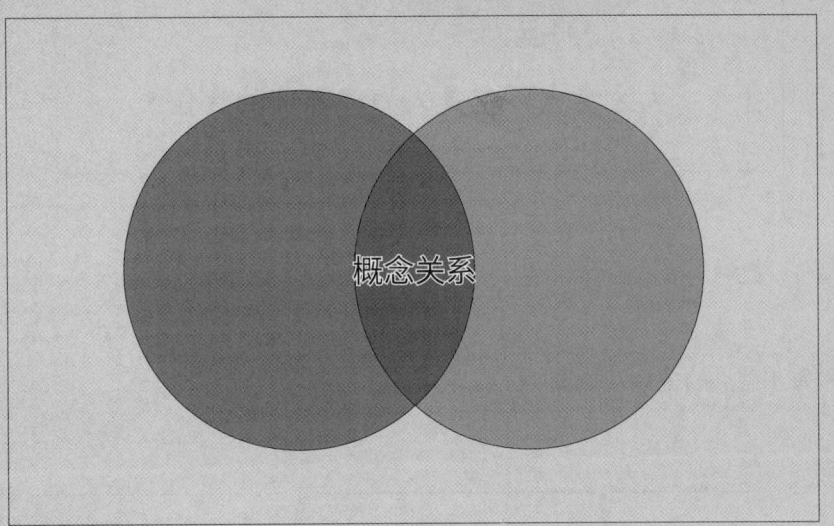

在本书所阐述的通用模型中,提及不少人才方面的词汇,为了让读者理清各种概念之间的关系,本章以图示来表达它们之间的关系。

人才盘点在人力资源部和业务部门之间的关系（如图11-1）：

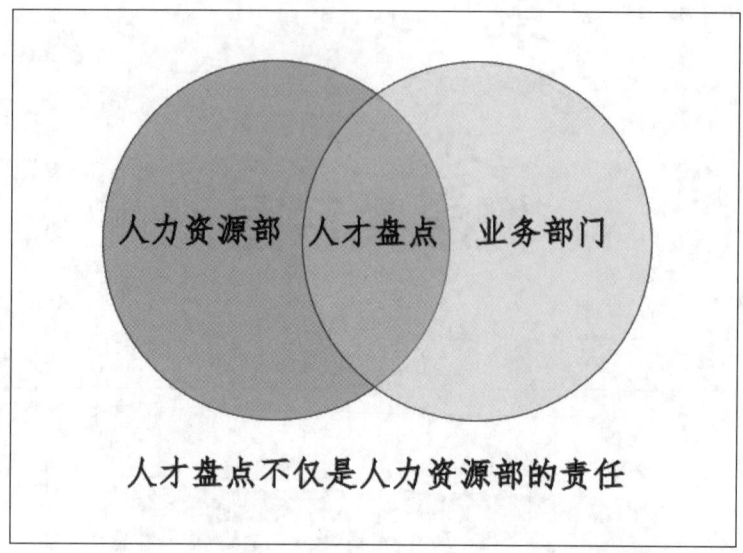

图11-1 概念关系——人力资源部和业务部门

组织问题和人才盘点的关系（如图11-2）；

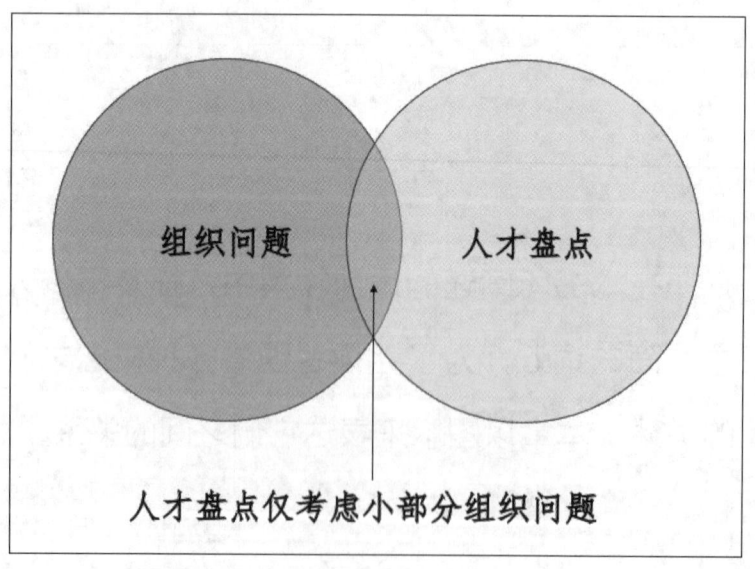

图11-2 概念关系——组织问题和人才盘点

潜力的构成(如图 11-3):

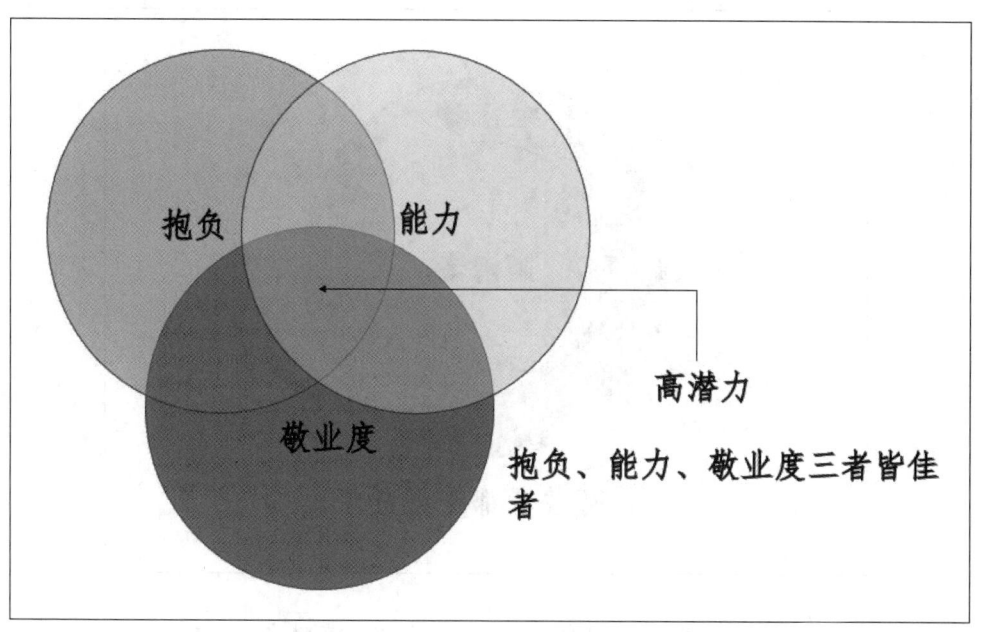

图 11-3 概念关系——潜力的构成

绩效优秀/达标和继任者、高潜者的关系(如图 11-4):

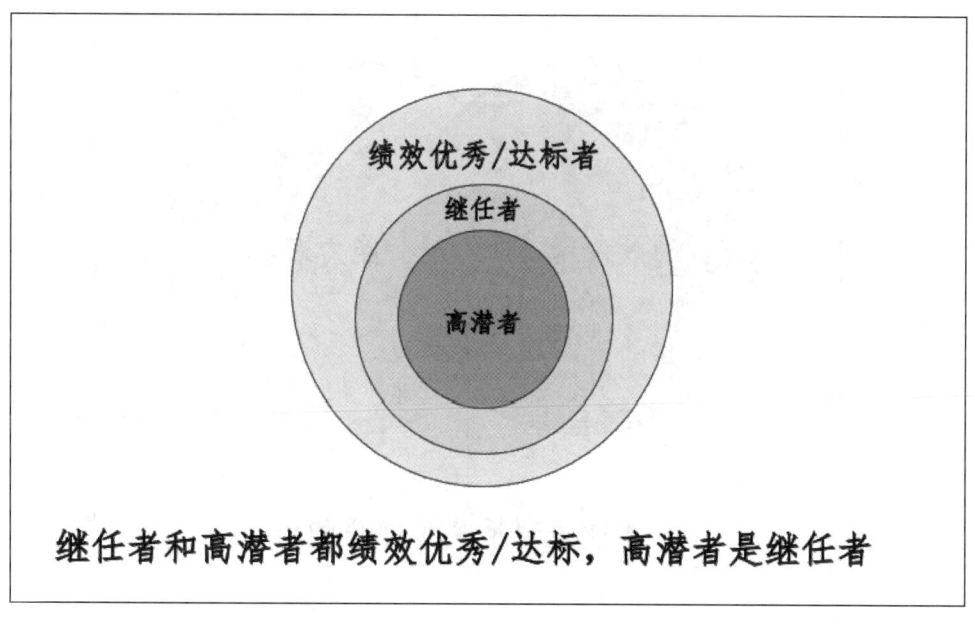

图 11-4 概念关系——绩效优秀/达标和继任者、高潜者

继任者和高潜者的关系（如图11-5）：

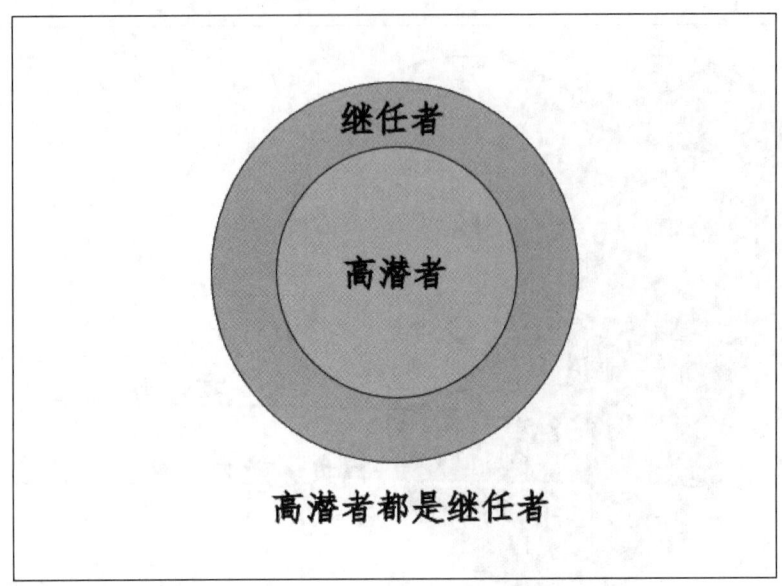

图 11-5 概念关系——继任者和高潜者

绩效和能力的关系（如图11-6）：

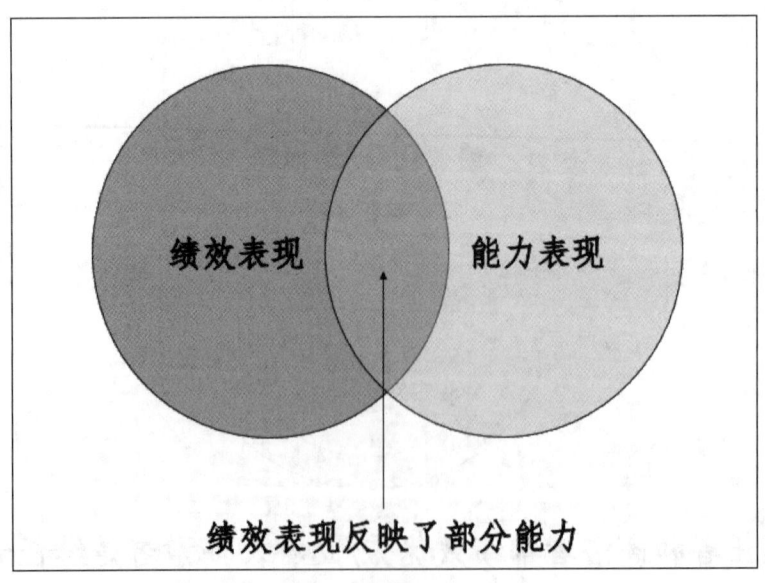

图 11-6 概念关系——绩效和能力

高潜力和晋升、调动的关系（如图 11-7）：

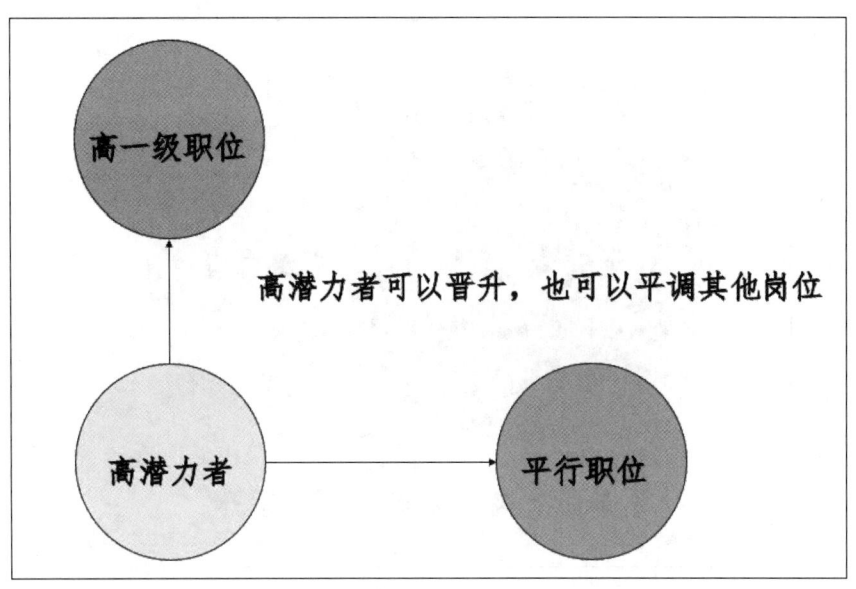

如图 11-7 概念关系——高潜力和晋升、调动

能力和绩效的关系（如图 11-8）：

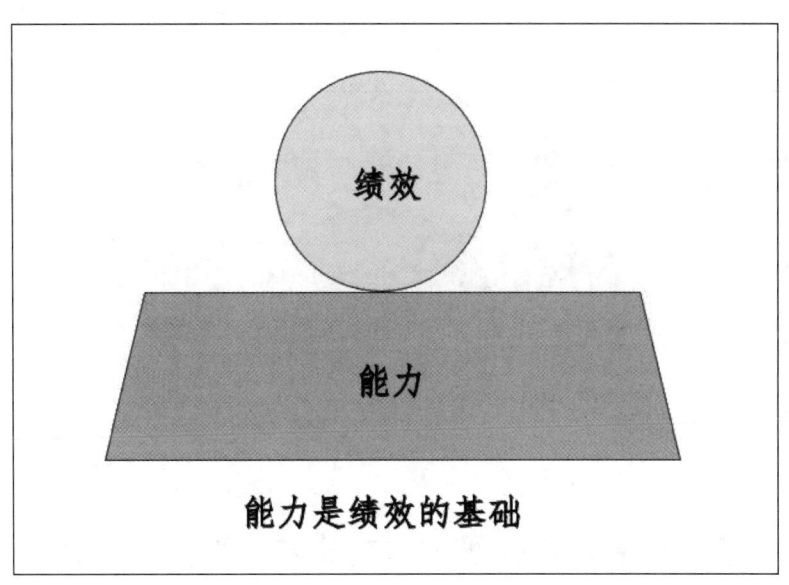

图 11-8 概念关系——能力和绩效

高潜力和晋升的关系（如图11-9）：

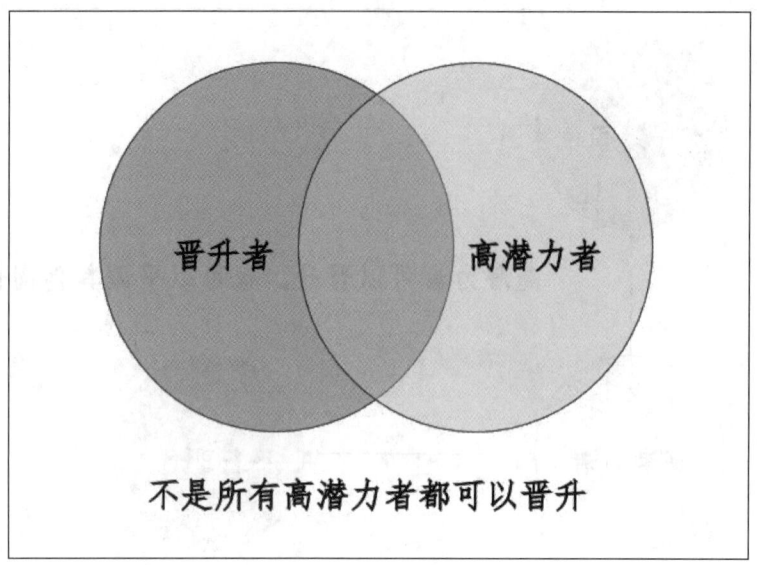

图11-9 概念关系——高潜力和晋升

绩效达标和高绩效、低绩效的关系（如图11-10）：

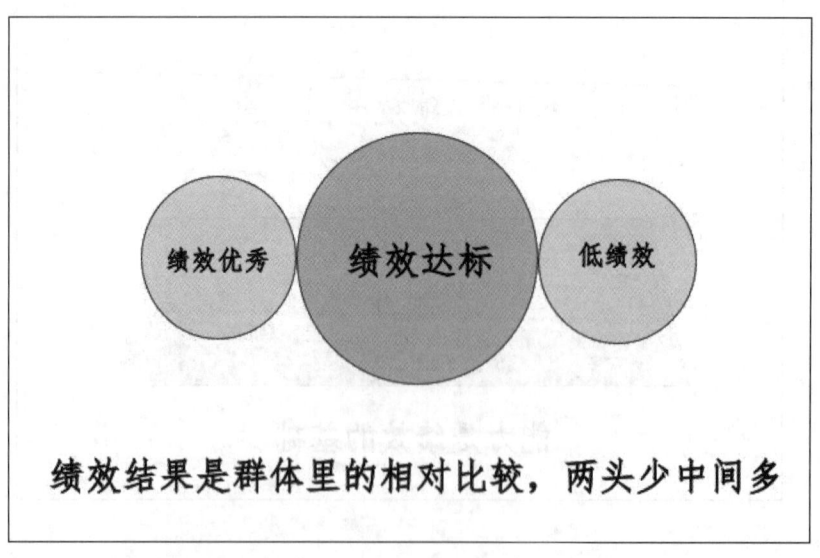

图11-10 概念关系——绩效达标和高绩效、低绩效

继任者和低绩效者的关系（如图 11-11）：

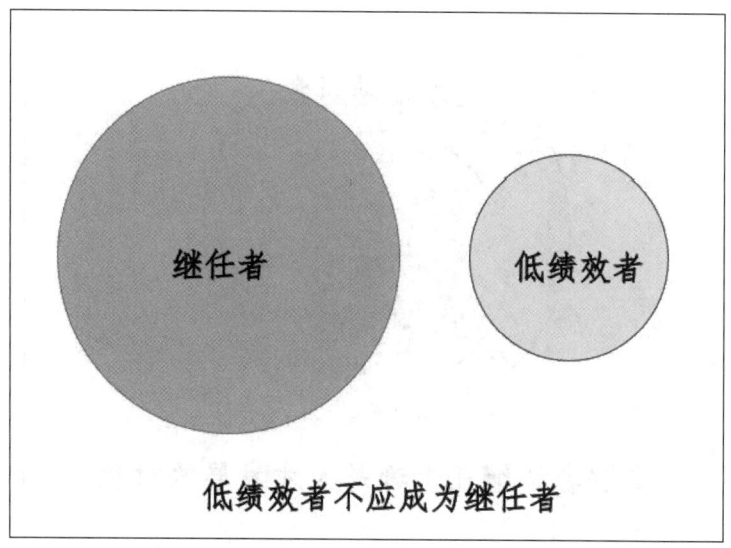

图 11-11 概念关系——继任者和低绩效者

高潜力和低绩效的关系（如图 11-12）：

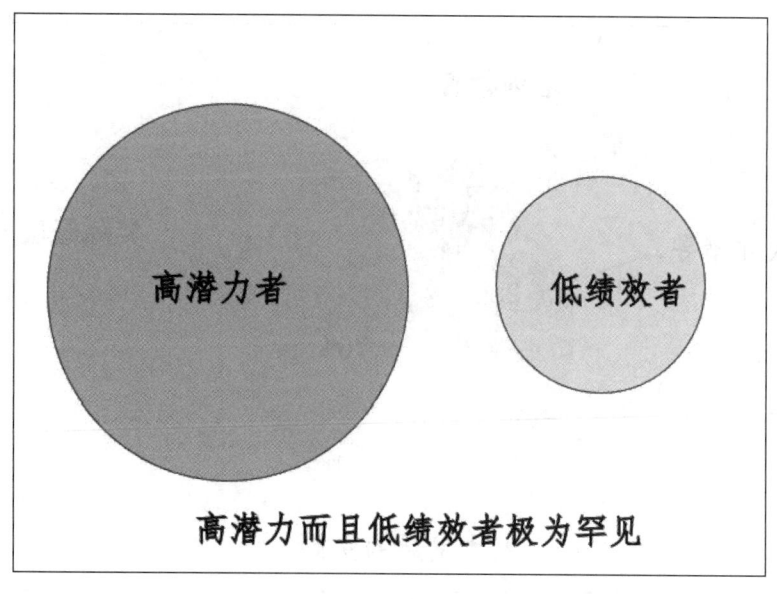

图 11-12 概念关系——高潜力和低绩效

高潜者、继任者和人才发展对象的关系（如图11-13）：

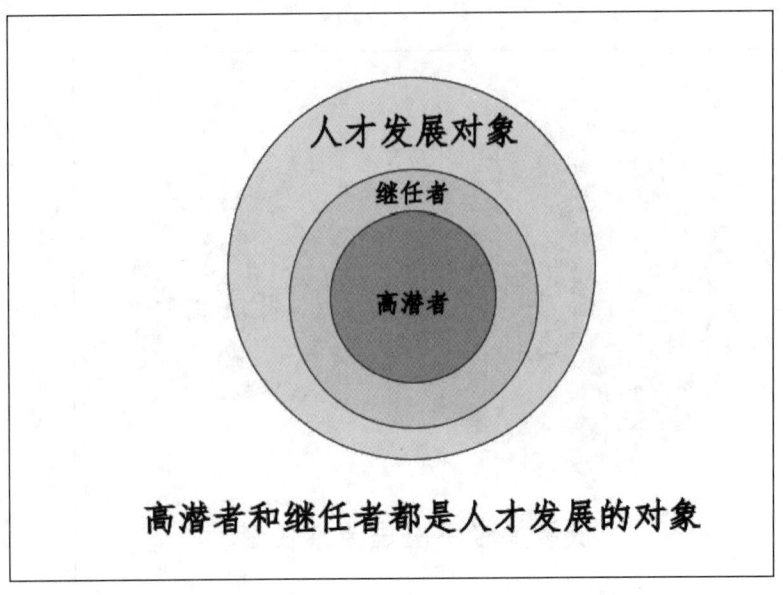

图11-13 概念关系——高潜者、继任者和人才发展对象的关系

人才发展法则（如图11-14）：

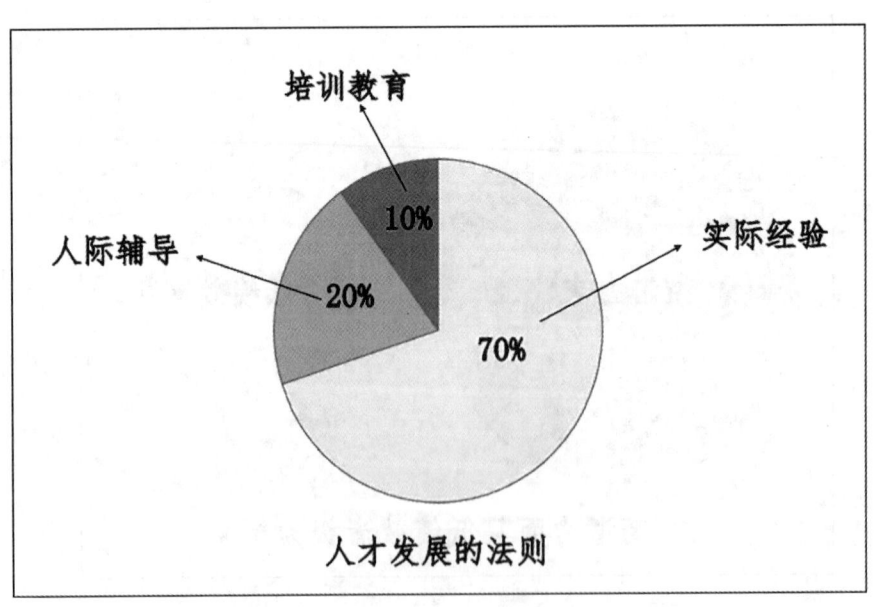

图11-14 概念关系——人才发展法则

# 参考文献

[1] 李常仓, 赵实. 人才盘点：创建人才驱动型组织 [M]. 北京：机械工业出版社, 2012.

[2] 李常仓, 赵实. 人才盘点：创建人才驱动型组织（第2版）[M]. 北京：机械工业出版社, 2018.

[3] 李祖滨, 汤鹏, 李锐. 人才盘点：盘出人效和利润 [M]. 北京：机械工业出版社, 2020.

[4] 北森人才管理研究院, 人才盘点完全应用手册 [M]. 北京：机械工业出版社, 2019.

[5] 孙琦. GE管理模式 [M]. 北京：中国人民大学出版社, 2005.

[6] Doris Sims . The Talent Review Meeting Facilitator's Guide[M]. AnthorHouse, 2009.

[7] Doris Sims. The 30-Minute Guide to Talent and Succession Management, [M].

[8] Ed Michaels, Helen Handfield-Jones, Beth Axelord. The war for talent [M]. Harvard Business Press, 2001.

[9] Ram Charan, Ending the CEO Succession Crisis[J]. Harvard Business Review. February, 2005.

[10] Ram Charan, Conquering a Culture of Indecision[J]. Harvard Business Review. January, 2006.

[11] Marshall Goldsmith, Louis Carter, Best Practices in Talent Management [M]. John Wiley & Sons, 2010 .

# 参考文献